OCARINA
오카리나 튜터
TUTOR 2

홍광일 편저

BM 성안뮤직

오 카리나 튜터 저자 선생님

홍광일

H.P • 010-4727-3777
E-mail • vempiri@hanmail.net

한국팬플룻오카리나 강사협회 회장

코리아팬플룻오케스트라 지휘/음악감독

코리아오카리나오케스트라 지휘/음악감독

2010~2014 국제오카리나콩쿨 심사위원

2007~ 전국오카리나경연대회 심사위원

2010 국제오카리나페스티발 추진위원장

CTS 기독교 TV 라디오 전국오카리나선교회 회장

한국 오카리나 교육 연구회 회장

전국 오카리나 지도자 협의회 위원장

전) 한국식 오카리나 연구회 이사

세종대학교/세종대학원 출강

안양대학교 출강

한국기독음대 출강

국제대학교대학원 출강

전) 한밭대 연수원, 청주대 연수원, 남부대 출강

오카리나 Basic, 오카리나 Normal, 오카리나 Mania 편저(태림출판사)

CCM오카리나 교본 공저(이레서원)

EBS 지정교재 '어린이 음악대' 감수/편저

팬플룻 교본(Meeting of Panflute) 편저(디자인 기타)

CTS 기독교 TV 라디오 '홍광일의 맛있는 오카리나' 진행자

「오카리나 튜터1」 입문편으로 오카리나와 기쁜 만남을 가진 독자 여러분과 다시 만나게 되어 반갑습니다. 입문편에서는 연주 자세와 오카리나 소리내기를 시작으로 오른손, 왼손 각각의 운지법을 익히는 내용을 자세히 배웠습니다. 이번 「오카리나 튜터2」 기초 완성편에서는 입문편에서 배운 내용을 복습하고 좀더 상급 과정으로 나아가기 위한 준비를 철저히 해보겠습니다.

기존 교재들은 연습곡이 너무 부족하여 실력을 제대로 쌓지 못하는 경우와 연습곡 수는 많지만 활용도가 떨어져 유명무실한 경우가 많았습니다. 이 책은 이러한 단점을 보완하여 실력 향상을 위한 필수 연습곡의 효과와 흥미를 높이는 것에 중점을 두고 집필하였습니다.

먼저 오카리나의 기본기를 확실하게 다지기 위한 음정과 호흡, 정확한 운지를 돕는 연습 등을 제시하였고, 기본기를 바탕으로 한 연습곡이 지루해 흥미를 잃지 않도록 「비행기」, 「나비야」 등 우리 귀에 익은 곡들을 변주하여 다양한 리듬과 필수 테크닉을 익힐 수 있도록 하였습니다.

또 입문편과 동일하게 각 곡마다 선행 학습에 도움이 되는 기본 연습곡을 표기해 줌으로써 독학으로 공부하는 사람들도 책을 따라서 연습하면 충분한 실력을 쌓을 수 있도록 학습 방향을 친절하게 제시하였습니다.

「오카리나 튜터2」 기초 완성편으로 여러분이 오카리나를 연주하는 데 기본기를 튼튼히 다져 더욱 자신감을 가지게 되길 바랍니다. 이 책은 앞으로 아마추어 연주가, 전문가로 나아가는 꿈의 길에 좋은 길잡이가 되어 줄 것입니다.

「오카리나 튜터3」 중급편에서 한층 더 발전된 모습으로 여러분을 다시 만나길 기대하며, 끝으로 우리에게 아름다운 음악과 음악을 할 수 있는 호흡을 주신 하나님께 영광을 돌립니다.

2017년 6월 홍광일

실력 향상을
위한 연습

호흡법

● 1권에서는 복식 호흡의 필요성과 방법에 대하여 설명하였습니다. 그러나 중급자 이상의 수준으로 연주하기 위해서는 호흡에 관한 테크닉이 매우 중요하기 때문에 이 책에서 조금 더 발전된 연주 능력을 키우기 위한 호흡 훈련에 대하여 설명하겠습니다.
우선 연주를 위한 호흡법은 복식 호흡을 기본으로 하며 세 가지 목적을 훈련하는 것이 바람직합니다.

첫째, 오카리나는 같은 운지법에서도 호흡량이 커지면 음정이 올라가고 작아지면 내려가기 때문에 연주 중 호흡량이 변화하지 않도록 주의해야 합니다. 일정한 호흡을 유지하는 연주 능력을 기르기 위해서는 일정한 구간의 박자를 연주하면서 일정하게 소리를 유지하는 훈련을 반복하는 것이 좋습니다.

둘째, 서정적이고 아름다운 곡들은 주로 느리고 부드럽게 소리 내는 경우가 많습니다. 이러한 곡들을 연주할 때 멜로디와 멜로디 사이 호흡하는 시간이 길면 소리가 끊어지므로 짧은 시간에 호흡하는 것이 중요합니다. 따라서 메트로놈을 이용하거나 시계의 초침을 보면서 8초~16초 사이 일정한 구간을 정해 같은 구간을 일정한 톤으로 불다가 짧고 빠르게 호흡하는 연습을 반복하는 것이 좋습니다.

셋째, 호흡 훈련이 되어 있지 않으면 연주 중간에 호흡을 할 때, 충분히 보충하지 못해 연주를 시작하는 처음보다 호흡의 길이가 짧아집니다. 연주 중간에도 처음 연주할 때 호흡한 길이와 같은 길이로 호흡할 수 있도록 최대 한계까지 공기를 들이마시는 것이 중요합니다. 본인의 폐 한계 능력을 모두 활용하여 호흡을 담을 때에는 최대한 많은 양을 보충하고, 공기를 뱉을 때에는 폐의 잔량을 모두 불어내는 느낌으로 호흡 연습을 합니다.

아티큘레이션

● 관악기를 연주할 때에는 작곡 의도 파악과 작품 해석이 매우 중요합니다. 이를 위한 기초적인 테크닉과 표현법이 바로 아티큘레이션 공부입니다.

아티큘레이션은 '명료한'이란 의미를 가지고 있으며 아티큘레이션을 잘 공부하면 오카리나를 연주할 때 음악을 좀더 정확하게 표현할 수 있습니다. 기본적인 텅잉 방법에 대해서는 1권에서 상세히 공부하였기 때문에 재차 설명하지 않고, 곡의 명료한 표현을 위한 아티큘레이션 몇 가지를 알아보겠습니다.

스타카토

음표 머리에 점으로 표기하며 원래 음 길이보다 절반의 길이 정도로 짧게 연주합니다. 또한 스타카토는 3단계로 나뉘는데, 가장 짧은 순으로 스타카티시모, 스타카토, 메조 스타카토입니다.

❶ 스타카토 – ½ 길이로 연주

❷ 메조 스타카토 – ¾ 길이로 연주

❸ 스타카티시모 – ¼ 길이로 연주

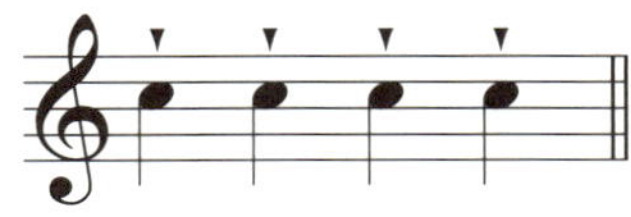

포르타토

이 주법은 오카리나를 연주하는 데 중요한 방법으로 가장 유용하게 쓰입니다. 음과 음 사이를 '투'가 아닌 '두'정도로 텅잉하며 호흡은 길게 다음 음이 나올 때까지 충분히 늘여서 연주합니다.

마르카토

음 하나 하나를 똑똑히 끊어서 연주하라는 뜻이며 'marc.'라고 줄여 쓰기도 합니다.

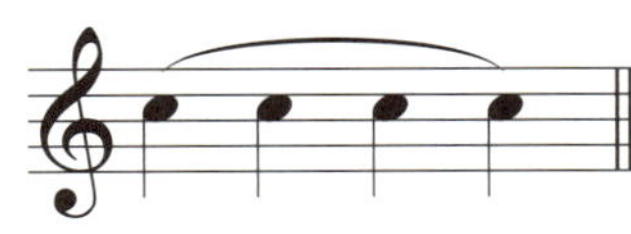

레가토

두 개 이상의 음을 끊어지지 않게 부드럽게 이어서 연주하라는 뜻입니다. 주로 이음줄(슬러)로 표시하고, 슬러가 시작하는 첫 음만 텅잉하고 슬러 안의 다른 음들은 운지만 바꿉니다.

꾸밈음

● 곡을 더욱 화려하게 하고 곡의 분위기를 더욱 고취시키는 연주 방법입니다. 원래 멜로디에 덧붙여 사용합니다.

앞 짧은 꾸밈음

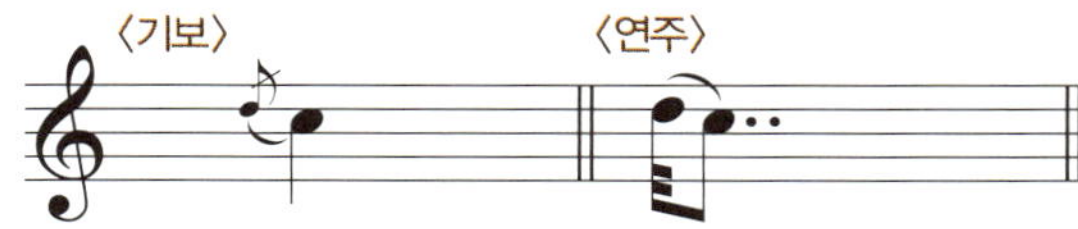

앞 긴 꾸밈음

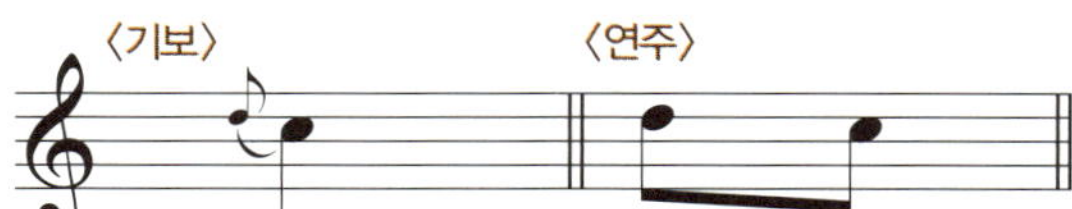

겹 꾸밈음

뒷 꾸밈음

모르덴트

쉐이크 또는 프랄트릴러

트릴

턴

운지표

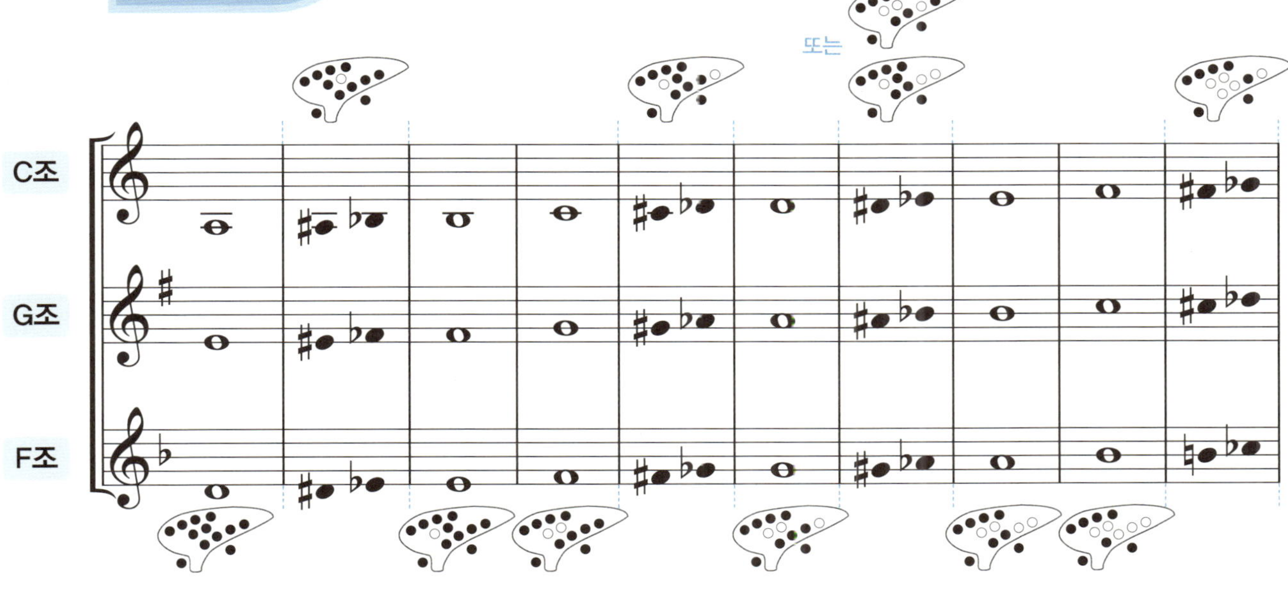

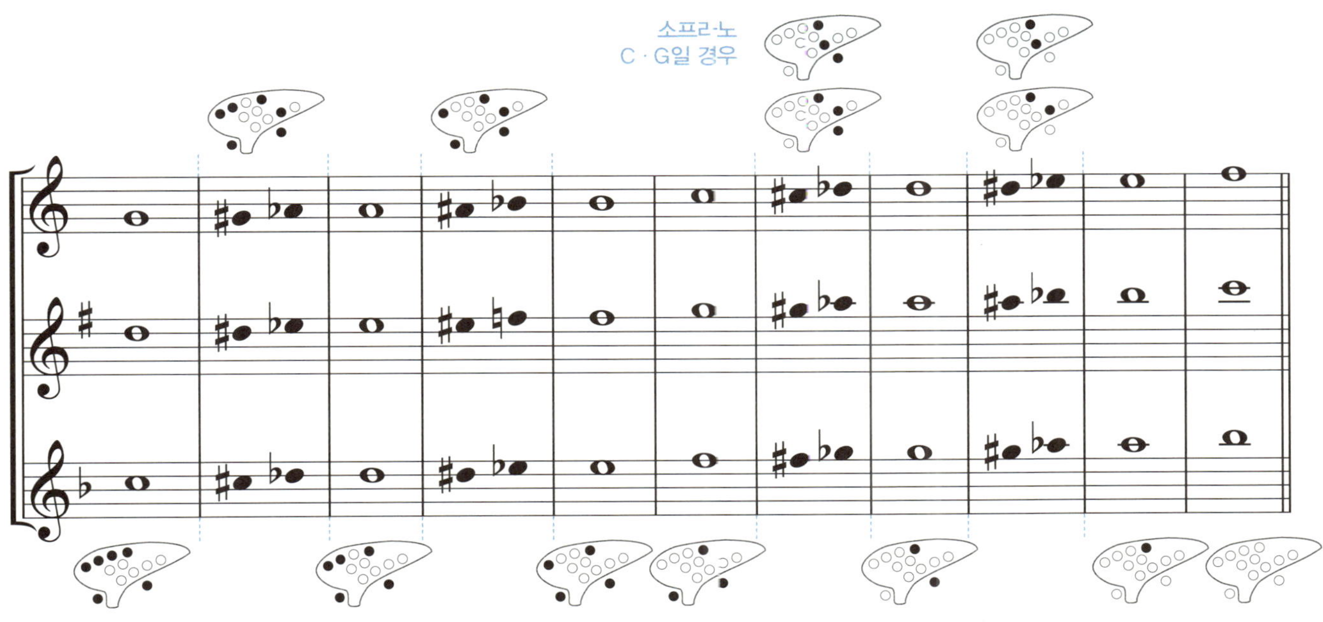

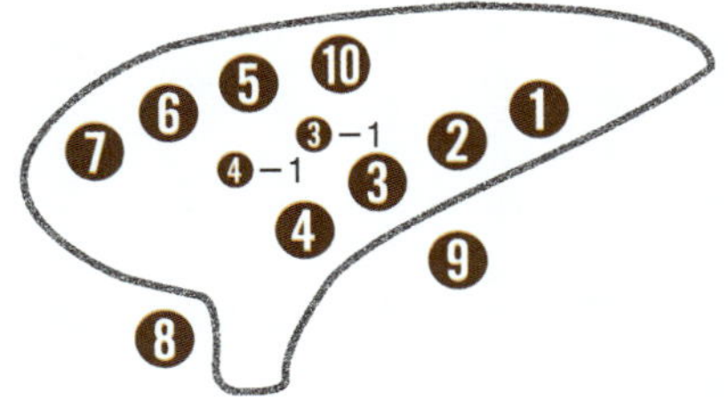

1. 오른손 새끼손가락
2. 오른손 약지손가락
3. 오른손 중지손가락(3-1)
4. 오른손 검지손가락(4-1)
5. 왼손 약지손가락
6. 왼손 중지손가락
7. 왼손 검지손가락
8. 왼손 엄지손가락
9. 오른손 엄지손가락
10. 왼손 새끼손가락

1 ▶ 정확한 포지션을 위한 연습

1 | 기본형

2 | 변형①

3 | 변형②

4 | 변형③

5 | 변형④

✳ 기초과정을 어느 정도 익혔지만 악기 잡는 자세가 아직 어색하다거나 운지홀을 막는 손가락의 위치가 일정하지 않고 열고 닫는 속도가 느리며 손가락 마디를 모두 움직여 연주한다면 다음 연습으로 정확한 포지션을 익히도록 합니다.

✳ 기본형을 충분히 연습하여 어느 정도 숙달되면 변형을 익히면서 리듬이 달라지고 속도가 높아져도 정확하게 연주할 수 있는가 스스로 확인하며 연습하도록 합시다.

1 기본형

2 변형①

3 변형②

4 변형③

✽ 오카리나는 폐관의 구조를 가진 악기이므로 음정에 따라 호흡량을 다르게 하여야 합니다. 초보의 경우 각 음정에 따라 호흡량을 적절히 맞추지 못하기 때문에 평균율이 좋지 않고 틀린 음정으로 연주하는 실수를 하기 쉽습니다.

✽ 다음 연습으로 음정에 따른 호흡량의 변화를 머리로만 이해할 것이 아니라 몸으로 익혀 즉각적으로 대처하는 능력을 향상시키기 바랍니다.

3 3도 진행 연습

1 기본형

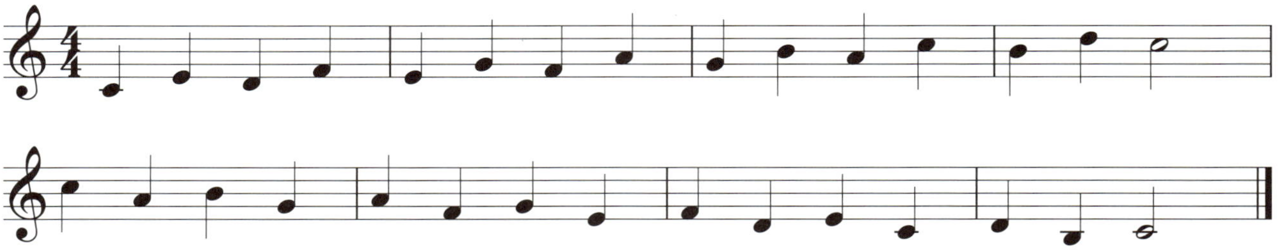

2 변형①

3 변형②

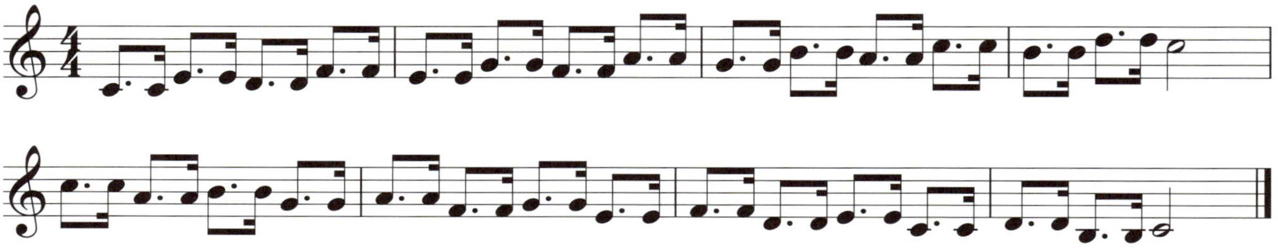

4 변형③

✱ 대부분 오카리나로 연주하는 곡들이 화음으로 구성되어 있고, 그중에서도 3도로 도약하는 진행이 가장 많습니다. 3도로 진행하는 연습을 능숙하게 익혀 좀더 숙련된 연주자로 도약하는 계기를 마련해 봅시다.

1 4연음 연습

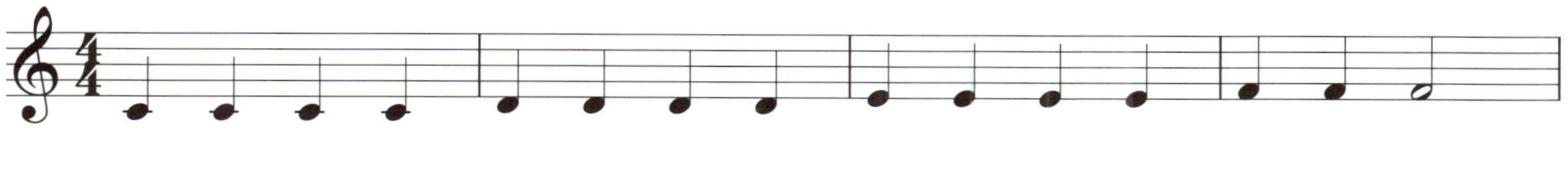

2 8연음 연습

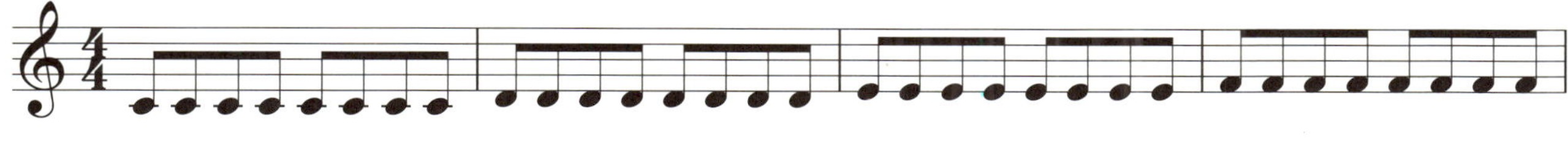

3 16연음 연습

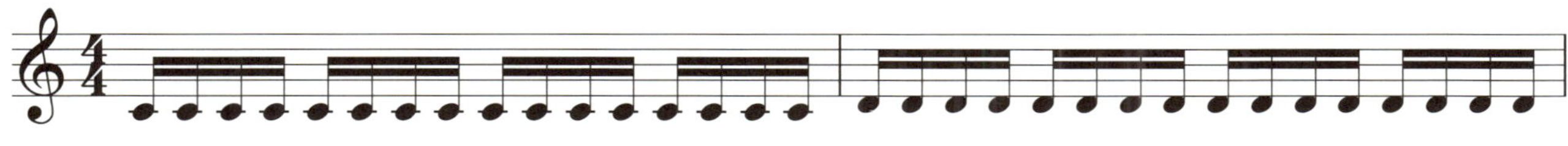

✽ 오카리나 연주자 중 기본 테크닉의 부족으로 수준 높은 연주자로 성장하지 못하는 경우를 많이 보게 됩니다. 연음 연습은 다소 지루할 수 있으나 수준 높은 곡을 연주하기 위해서는 꼭 필요한 테크닉으로 장차 실력을 높이는 데 있어 기반이 될 것입니다.

1 4분음표 연습

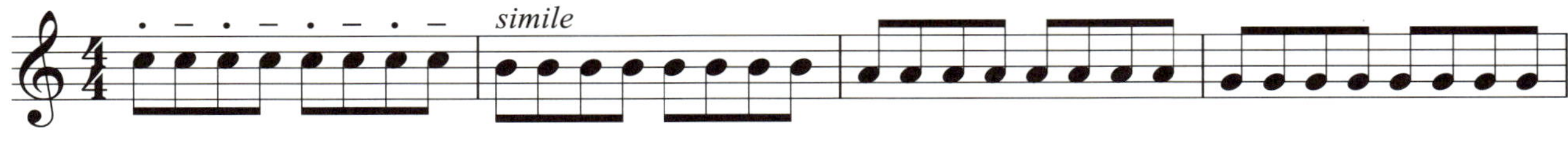

2 8분음표 연습

3 16분음표 연습

* 아티큘레이션은 좀 더 완성된 연주를 위한 표현법입니다. 아티큘레이션의 기본인 스타카토와 테누토를 익혀 기본기를 확실하게 다집시다.
* 정확한 표현법을 익히는 것을 목표로 처음에는 느리고 정확하게 연습하고 숙달되면 조금씩 빠르기를 높이면서 연습하도록 합니다.

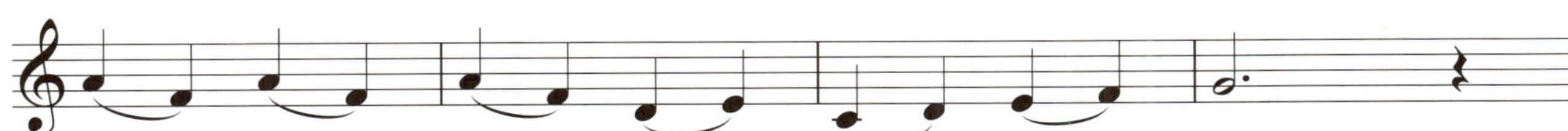

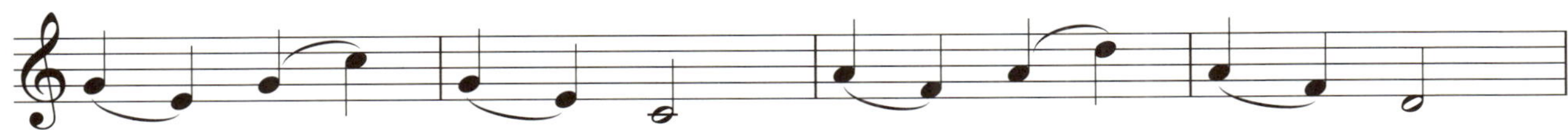

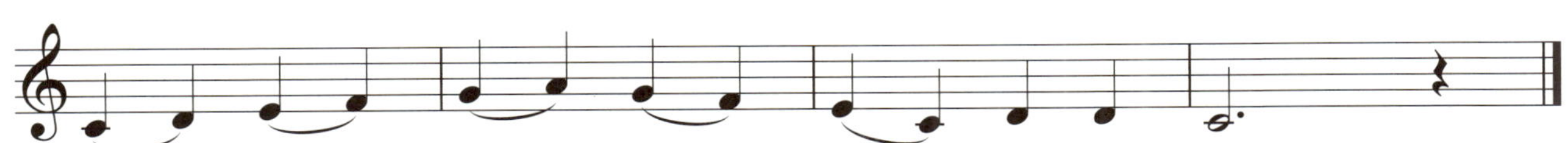

✽ 오카리나는 악기의 특성상 슬러를 비교적 많이 사용합니다. 특히 슬러에 연이은 스타카토는 새소리 같은 이미지를 만들어 주고 청량함이나 밝은 느낌을 내는 데에도 꼭 필요하므로 본 연습을 충실히 하시기 바랍니다.

✽ 느리고 정확하게 연습하고 숙달되면 조금씩 빠르기를 높이면서 연습합니다.

✽ 처음에는 악보와 같이 연습하고 숙달된 이후에는 슬러에 이은 스타카토를 붙여서 연습합니다.

7 변주로 익히는 연습 비행기

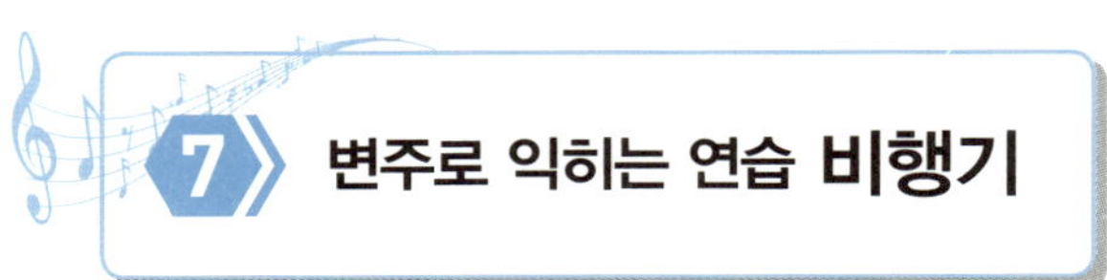

1 테마

외국 곡

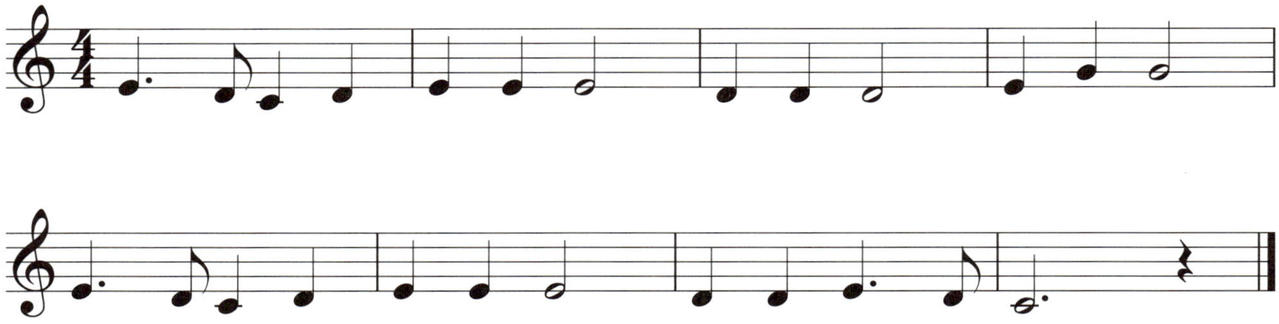

2 싱커페이션 연습

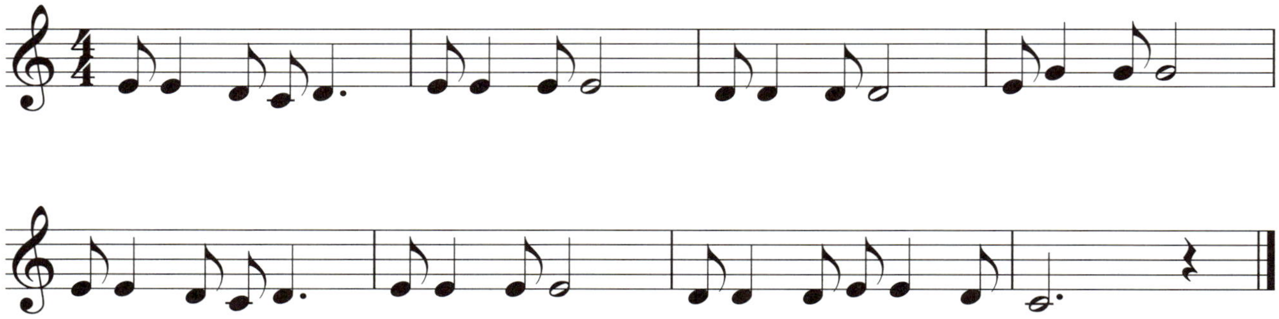

3 스타카토 연습

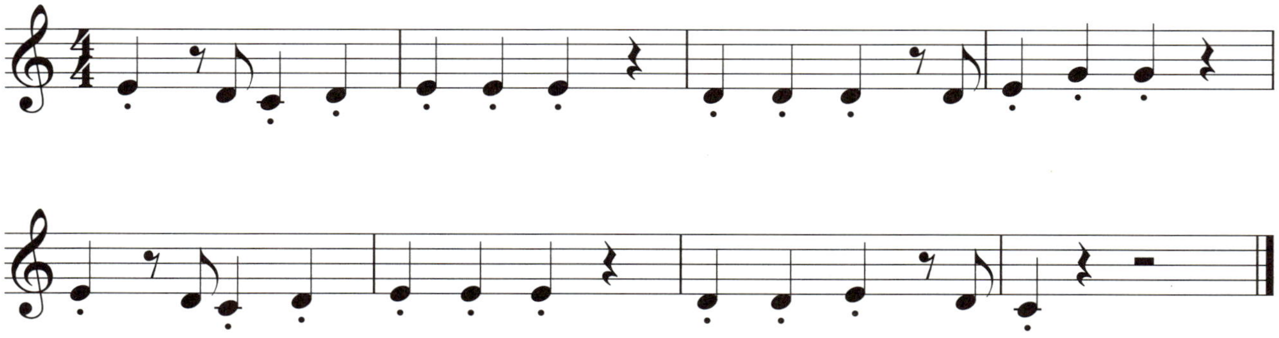

4 3박자 연습

5 6박자 연습

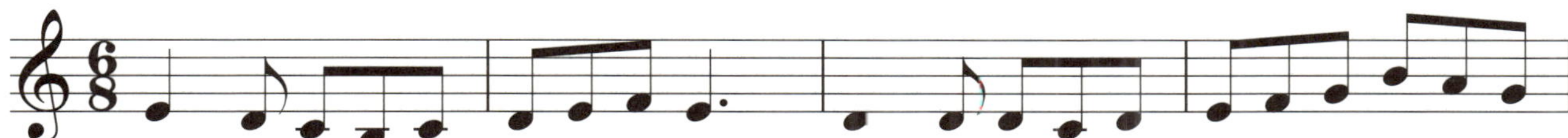

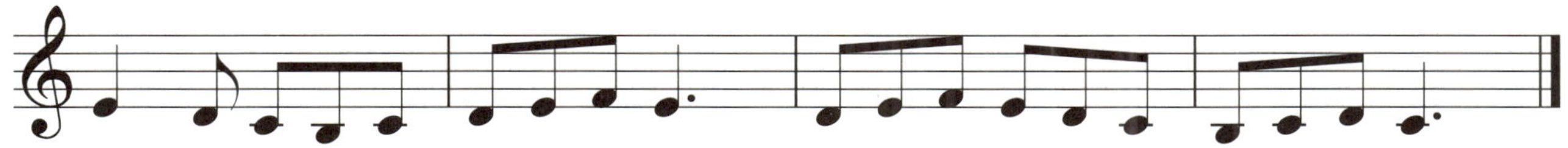

6 F# 연습

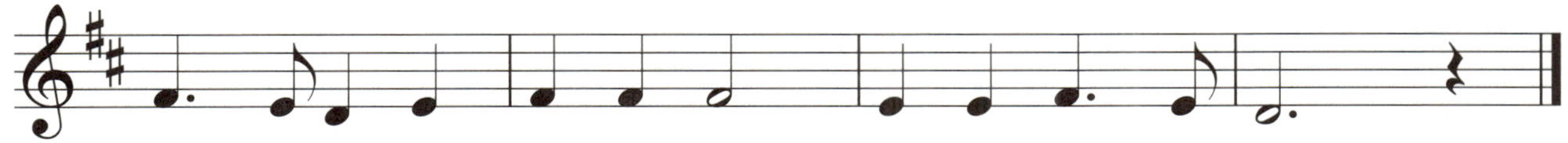

7 B♭ 연습

8 단조 연습

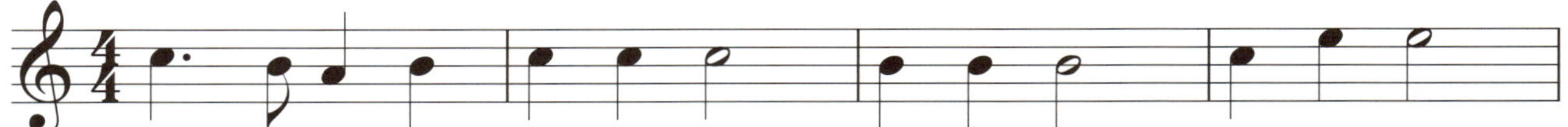

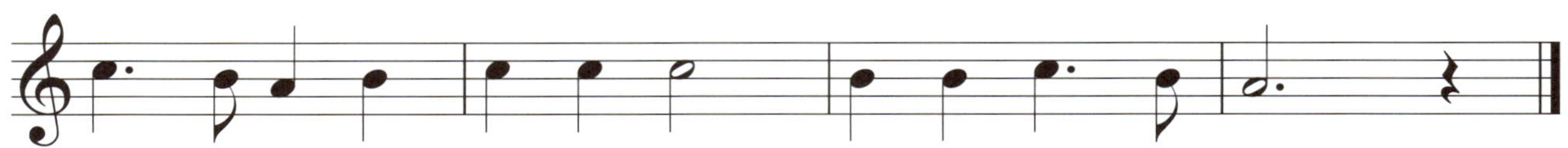

9 슬러 연습

10 부점 연습

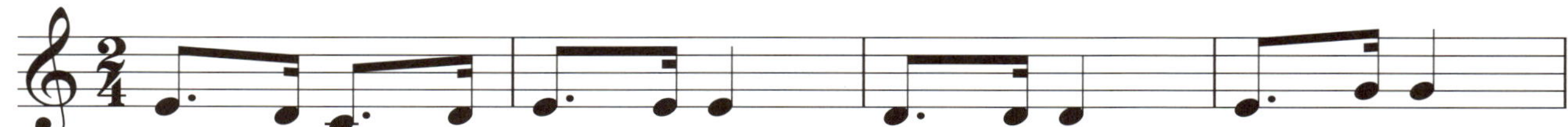

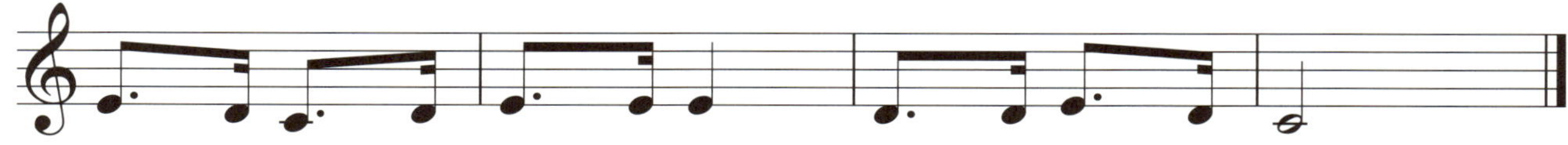

11 빠른 싱커페이션 연습

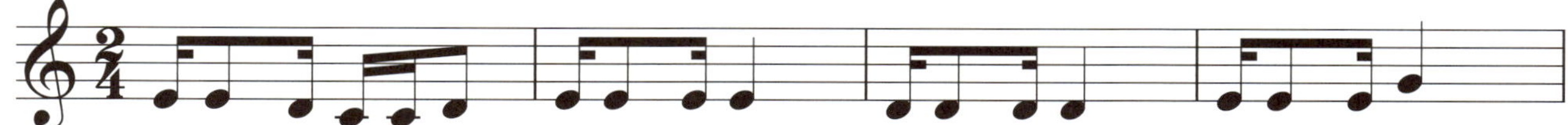

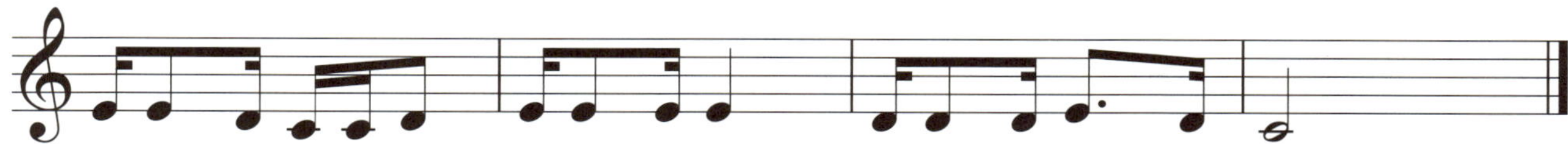

12 셋잇단음표 연습(슬로우 락)

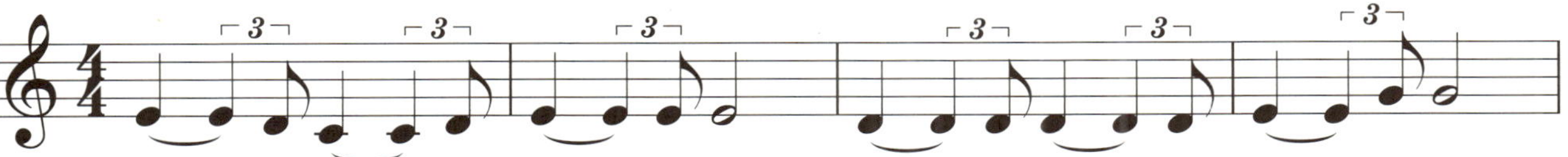

13 쉼표가 있는 연습

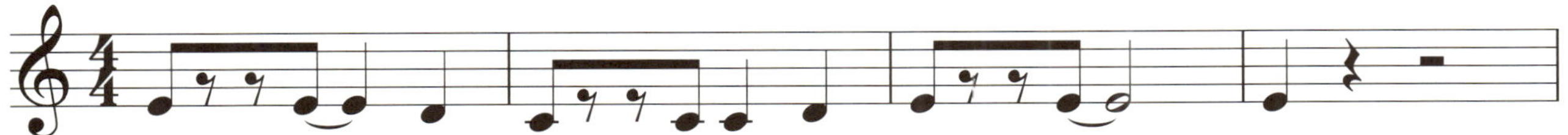

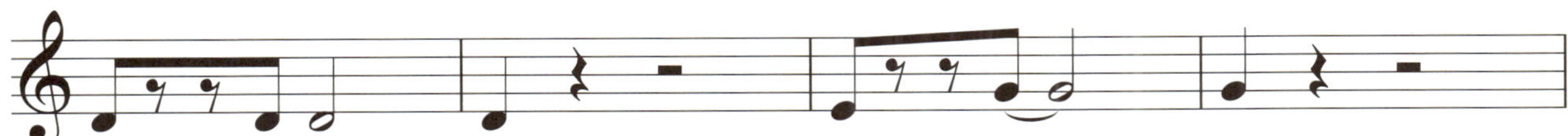

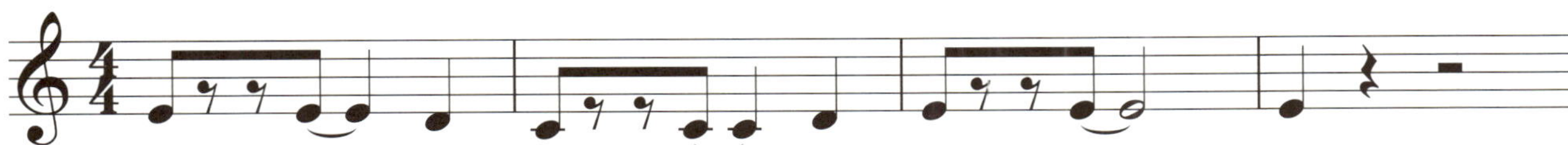

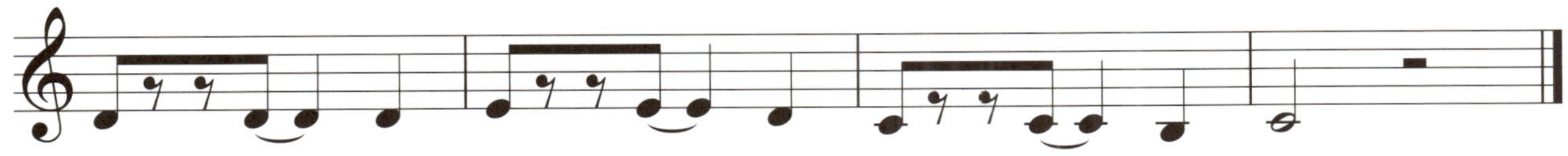

14 리듬 연습

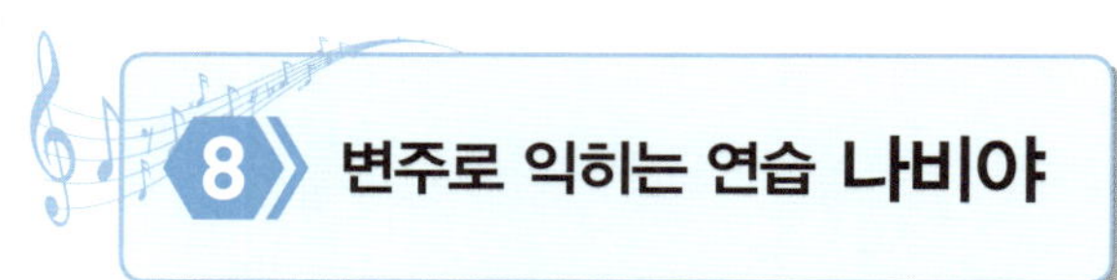

8
변주로 익히는 연습 나비야

1 테마
외국 곡

2 8분음표와 아르페지오 연습

3 부점 연습

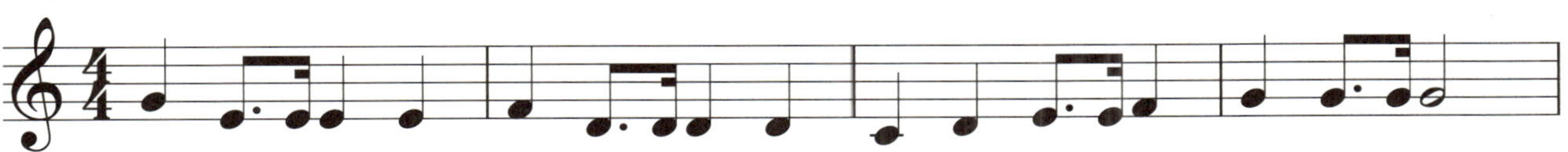

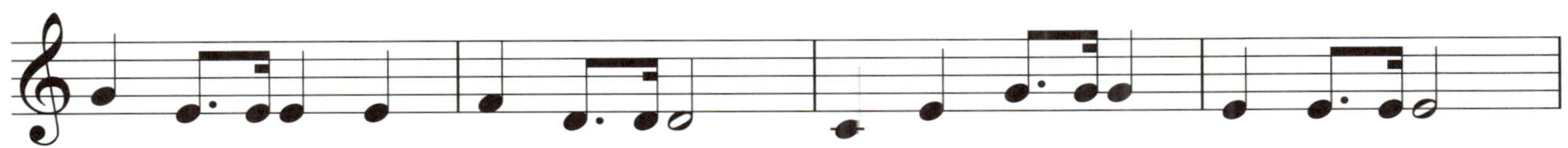

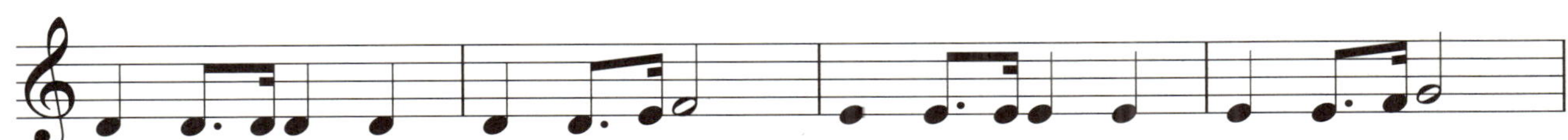

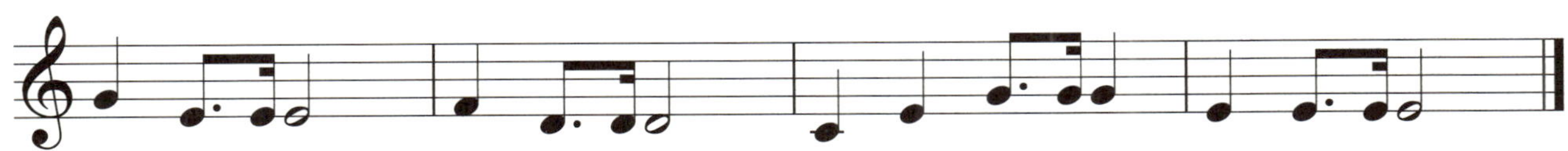

4 연음 연습

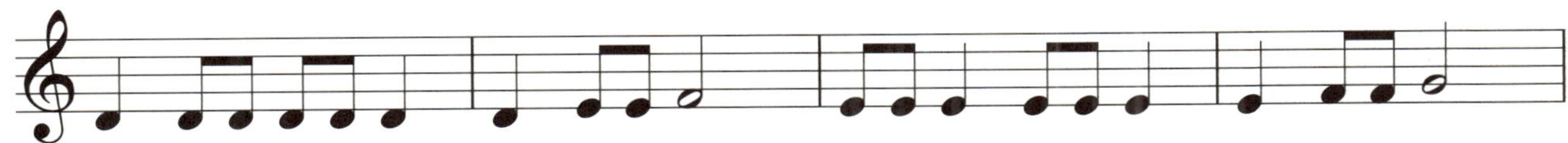

5 쉼표가 있는 연습

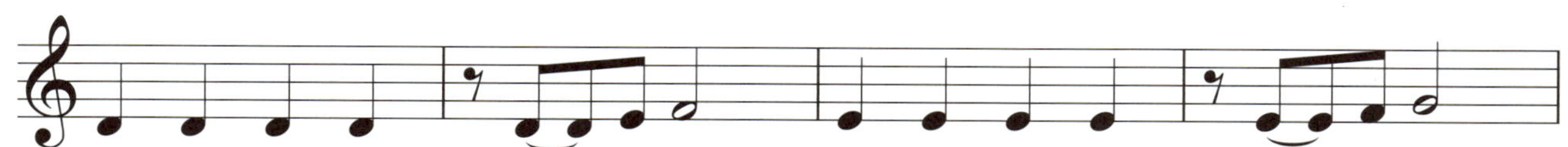

6 F# 연습

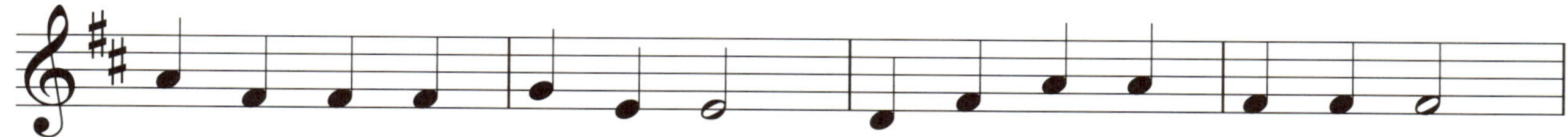

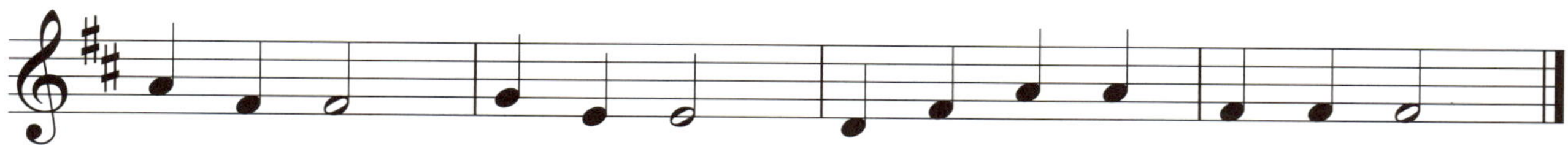

7 B♭ 연습

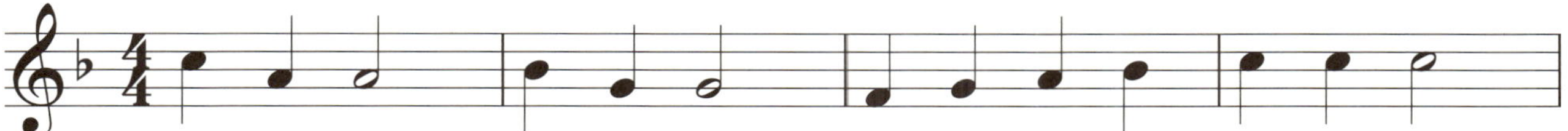

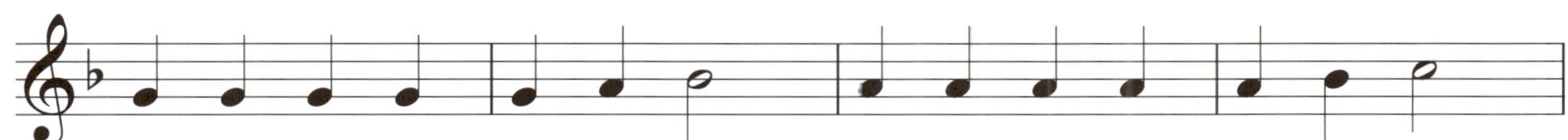

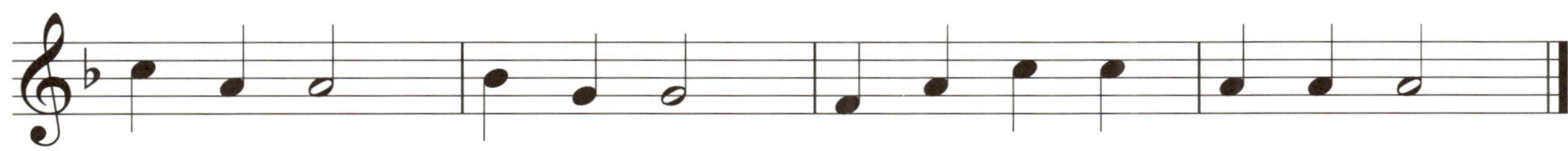

8 6박자 연습

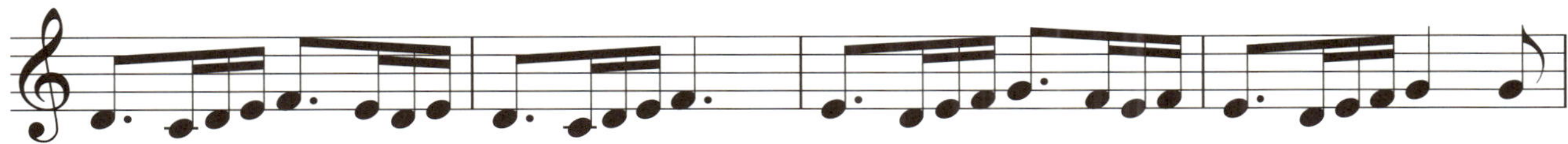

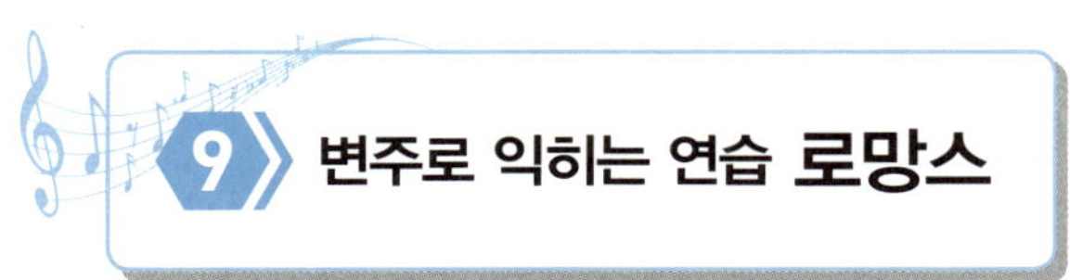

1 테마

스페인 민요

2 | F# 연습

3 | B♭ 연습

기초 다지기
(사계절을 담은 노래)

즐거운 봄

✽ 이 곡은 3도 진행이 많으므로 별도의 연습이 필요합니다. 음의 도약에 맞는 호흡 연습과 정확한 포지션 연습을 병행합시다.

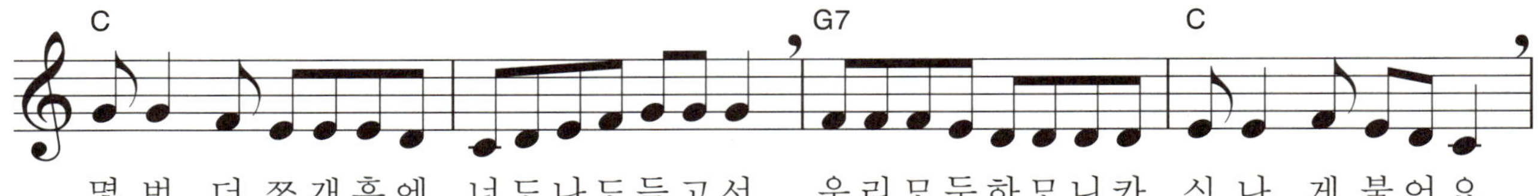

✻ ♪♪♪ 싱커페이션 연습을 선행한 뒤 이 곡을 연주하면 많은 도움이 됩니다.

✻ ❶ '솔'에서 낮은 '시'로 도약할 때 호흡의 양과 정확한 포지션을 잡지 않으면 음정을 틀리기 쉽습니다. 낮은 '시'에서 호흡을 약하게 하여
음이 높아지지 않도록 주의합니다.

조개껍질 묶어

✳ ❶ 싱커페이션과 도약 음에 주의합니다.

달맞이

Moderato

✻ ❶ 슬러를 연주할 때는 텅잉으로 구분하지 않고 손가락 운지만 바꿔 연주하기 때문에 악보에 없는 음을 소리 내는 경우가 많습니다.

꿀밤 나무 밑에서

Moderato

 노을

적용 연습곡: ⑧ – ⑧

이동진 작사
안호걸 작곡

Andantino

※ ❶ 멜로디의 진행이 어렵고 높은 음이 있어 연주가 까다롭습니다. 부분 연습으로 보완합시다.

✻ ① '높은 파'음의 음정이 떨어지지 않게 주의합니다.

겨울 밤

눈

✻ ❶ 선율의 진행이 2도, 3도로 변화하므로 실수가 나기 쉬운 부분입니다. 부분 연습으로 보완합니다.

🎵 장식하세

❋ ❶ '낮은 시'를 연주 할 때 급하고 세게 불어 음이 높아지거나 불분명하게 소리나는 경우가 있으니 우선 느리고 정확하게 연습합니다.

참 예쁘네요

✽ ❶❷❸ 붙임줄이 있는 음은 본래의 길이보다 길게 소리 내기 쉬우니 리듬에 유의하세요.

Joy To The World

✽ 템포가 빠르고 다양한 리듬과 슬러가 많아 정확한 연주를 위한 주의가 필요합니다.

창밖을 보라

✽ 싱커페이션과 스타카토, 악센트를 잘 지켜 연주합니다.

음정/호흡/ 리듬 다지기

A Time For Us

✻ ❶ 5도 아래로 도약 진행할 때는 '낮은 미'가 높게 소리날 수 있습니다. 음정에 따라 호흡량을 적절히 조절하는 법을 꾸준히 익힙니다.

✻ ❷ 이 곡에서 많이 등장하는 리듬입니다. 두 박자 반 길이를 잘 지켜 연주합니다.

A Lover's Concerto

✻ ❶ 8도로 도약하는 음정이 불안하게 소리나지 않도록 주의하세요.

Moon River

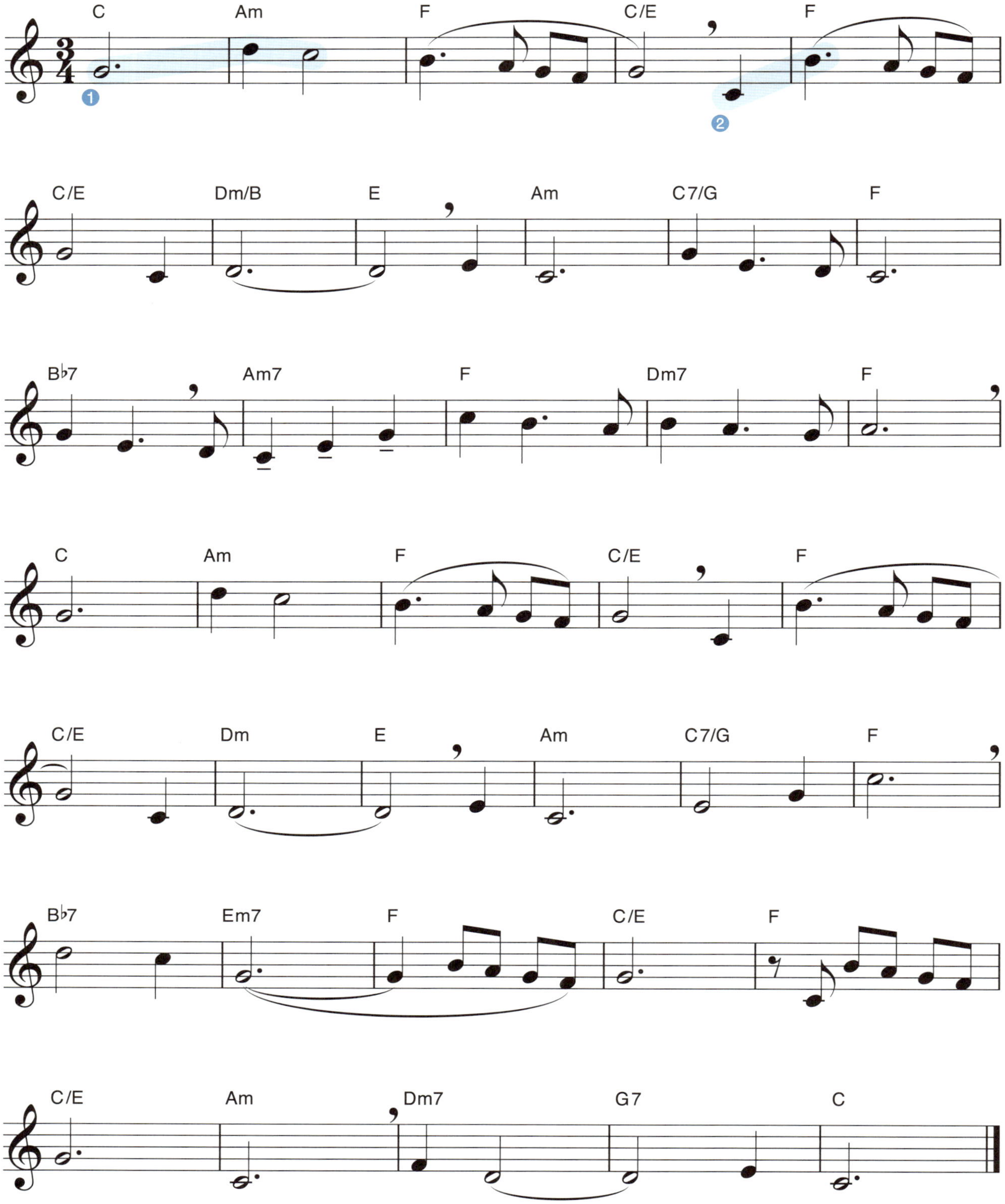

✻ ❶ 프레이즈에 유의하여 첫 음을 연주하고 숨을 쉬지 않도록 합니다.

✻ ❷ 도약이 커서 음정을 정확하게 소리내기 어려운 부분입니다. 낮은 음에서는 차분하고 약하게 높은 음에서는 호흡을 세게 불어 음정을 정확히 소리낼 수 있도록 합니다.

 그대의 눈동자

그대로 멈춰라

✻ 부점 리듬과 이어지는 8분음표 리듬을 혼동하지 않도록 주의합니다.

✻ 오카리나 연주 시 '낮은 시', '낮은 라'는 음정에 주의를 기울여야 합니다. 바른 음정이 날 수 있도록 차분하고 약하게 연주하세요.

She Wore A Yellow Ribbon

Allegretto

미국 민요

✻ ❶ 부점 리듬과 이어지는 8분음표 리듬을 혼동하지 않도록 주의합니다.

✻ ❷ 표시된 부분의 '솔'과 '도'는 마디는 다르지만 한 프레이즈입니다. '솔' 음 앞에서 끊어 쉬고 한 호흡으로 일정하게 텅잉하여 프레이즈를 잘 살려 연주합니다.

싹트네

Allegretto

하지혜 작사
최병일 작곡

✻ 슬러로 연주하는 부분에서 핑거링을 빠르고 정확하게 하여 불분명한 소리가 나지 않도록 주의합니다.

성자의 행진

즐거운 나의 집

H.R. 비숍 작곡

Andantino

✻ 점4분음표를 연주할 때 "투–웃"하고 끊는 경우가 많습니다. 곡의 따뜻한 분위기를 해칠 수 있으므로 이점에 유의하여 부드럽게 연주합니다.

아일랜드 장미

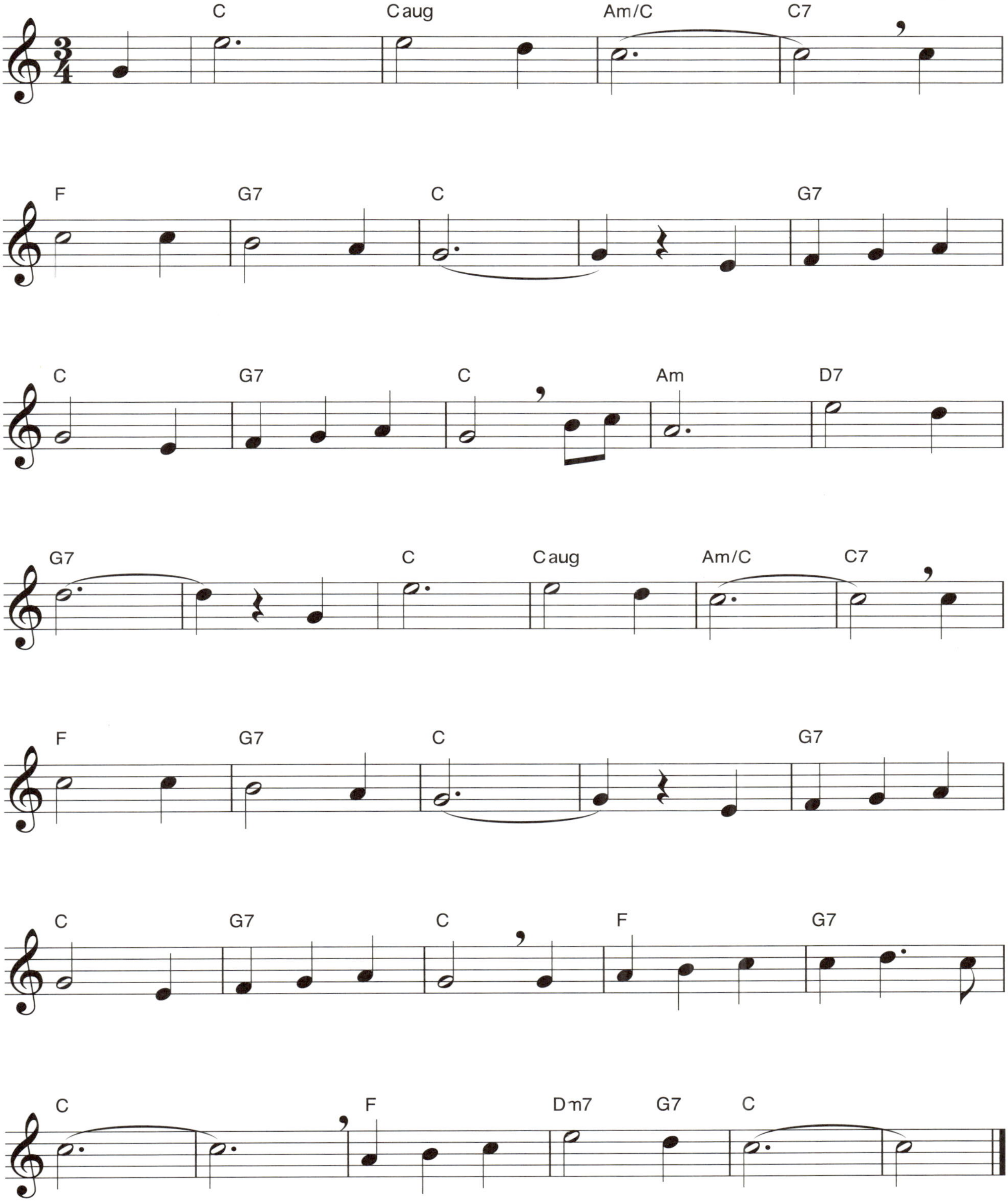

✽ 고음 연습을 충분히 연습한 뒤 연주하면 많은 도움이 됩니다.

G Major와 F# 연습

빙빙 돌아라

✻ 부점 리듬과 셋잇단음표 리듬이 함께 있어 연주가 까다롭습니다. 느리고 정확하게 연습한 뒤 조금씩 빠르게 연주합니다.

✻ 마지막 마디의 셋잇단음표 리듬과 부점 리듬을 혼동하지 않도록 주의합니다-.

Amazing Grace

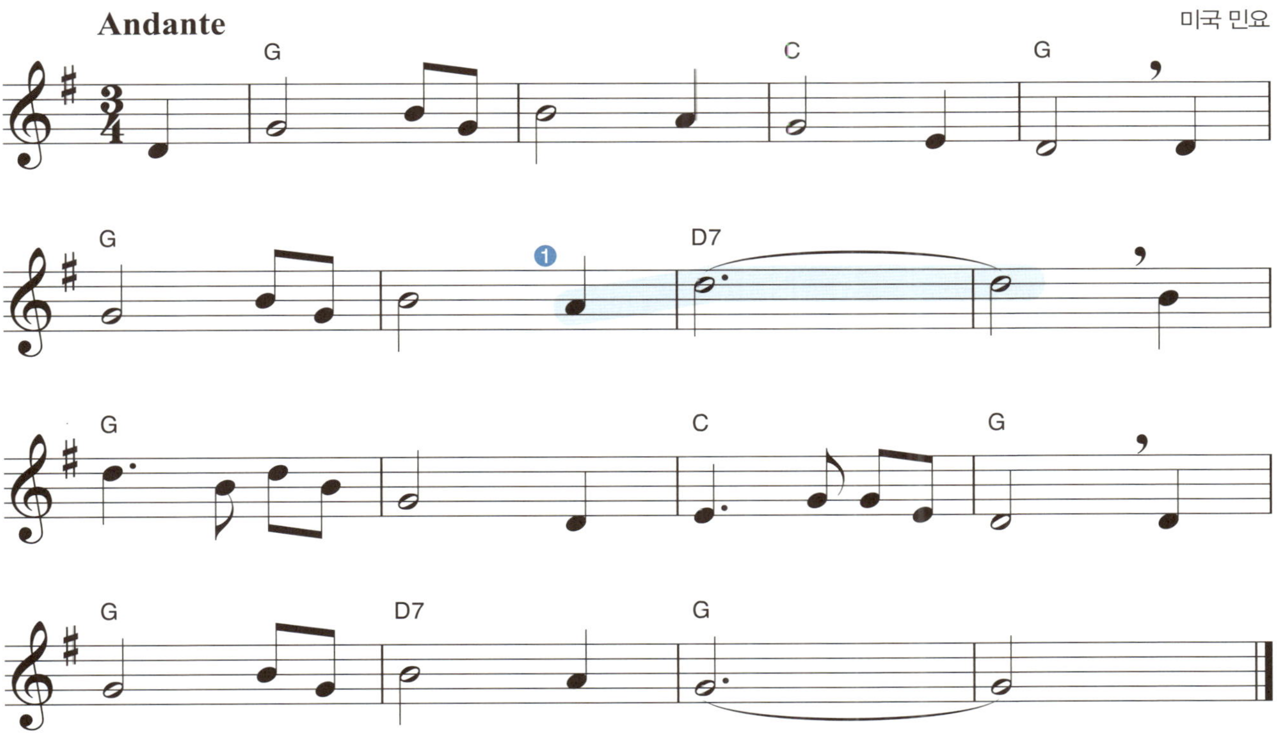

✻ ❶ 5박 긴 음을 지속할 때 톤이 불안해지는 현상이 발생할 수 있습니다. 호흡에 유의하여 연습하세요.

✻ Long tone 연습을 하면 연주에 도움이 됩니다.

🎵 피노키오

지명길 작사
김용년 작곡

✳ 도약이 커서 음정을 정확히 소리내기 어려운 부분이 많습니다. 갑자기 낮아진 음정이 높게 소리나지 않도록 주의합니다.

✳ 17마디부터 끝부분까지 진행이 복잡하고 연속되는 8분음표 리듬도 몰리기 쉬우므로 느리고 정확하게 연습한 뒤 점차 빠르게 연주합니다.

라쿠카라차

Tempo di Ranchera

멕시코 민요

※ ❶ '높은 미' 음정이 낮게 소리나지 않도록 주의합니다.

※ ❷❸ 도약의 폭이 크고 빠르게 연주해야 하므로 운지의 정확도를 높이는 연습과 호흡 연습이 필요합니다.

축하하오 기쁜 크리스마스

적용 연습곡: 7 – 6, 8 – 6, 9 – 2

Andantino

웨일즈 민요

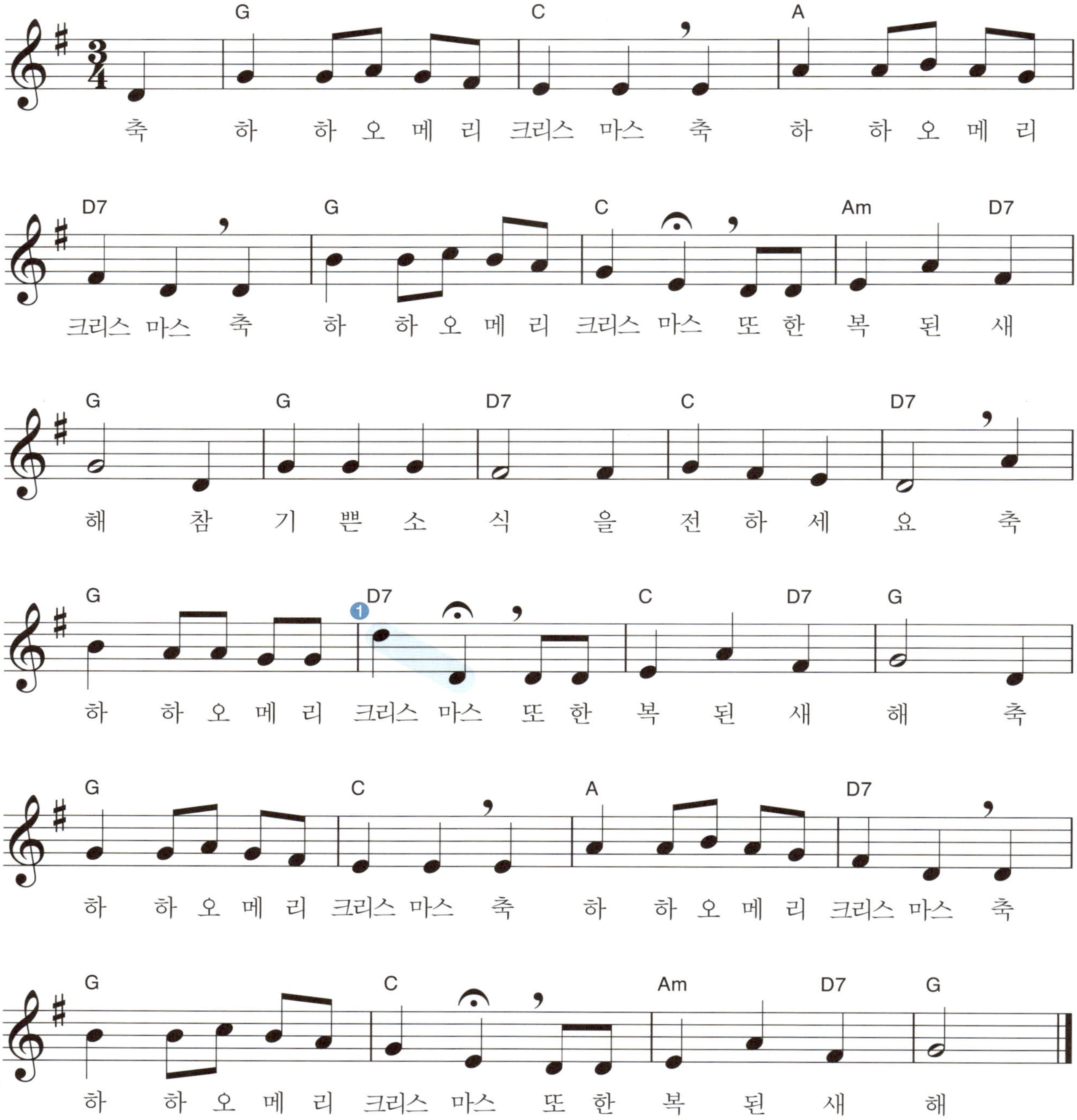

＊ 1 옥타브로 도약하는 부분의 음정에 유의합니다.

브람스 왈츠

✱ ❶ 16분음표를 너무 짧게 연주하면 곡의 분위기를 저해할 수 있습니다.

✱ ❷ '낮은 시'음정에 유의합니다.

작은 세상

적용 연습곡: 7 – 6, 8 – 6, 9 – 2

Andantino

R.M. 셔먼 작곡

✻ 음폭이 큰 곳은 호흡량을 적절히 변화시켜야 바른 음정을 낼 수 있습니다.

만남

적용 연습곡: 7 – 6, 7 – 11, 7 – 12, 8 – 6

박신 작사
최대석 작곡

♩ = 69

* ♪♩ = ♫ 의 리듬으로 연습하고 숙달되면 쉼표를 지켜서 연주합니다.

보리밭

박화목 작사
윤용하 작곡

적용 연습곡: ② – ④, ③ – ④, ⑦ – ⑥, ⑧ – ⑥, ⑨ – ②

✽ 오카리나는 높은 음을 연주할 때 음이 파열되거나 음정이 떨어지는 경우가 많습니다. 바른 음정과 고운 음색을 구사할 수 있도록 합니다.

✽ 셋잇단음표 리듬에 주의합니다.

Try To Remember

✱ ❶❷❸ 8분쉼표에 유의하여 리듬 연습을 선행합니다.

Over The Rainbow

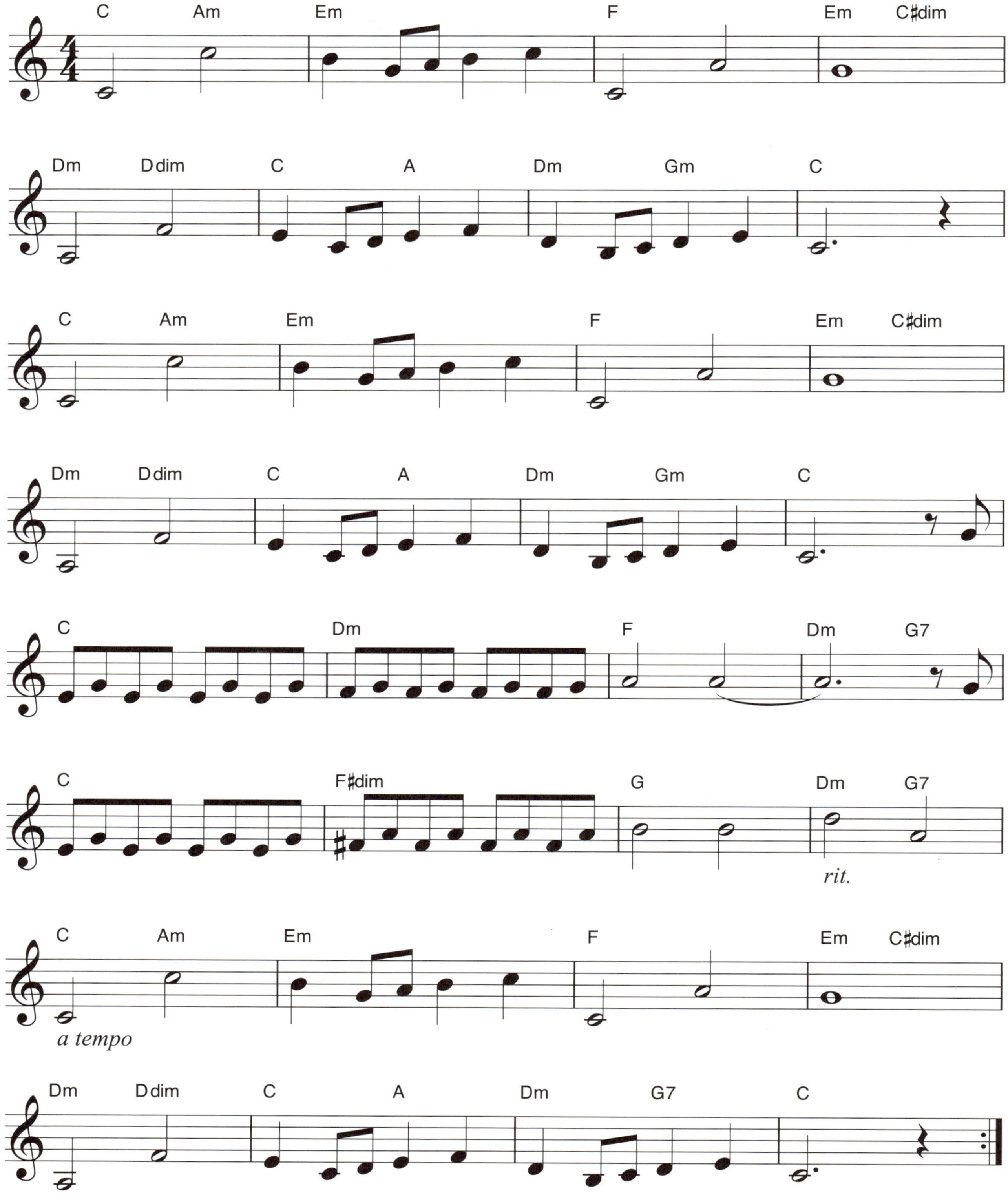

✽ 도약의 폭이 큰 부분에서는 낮은 음이 불안하게 소리나기 쉽습니다. 적절한 호흡 조절로 정확한 음정을 낼 수 있도록 연습합니다.

✽ 계속되는 8분음표 리듬은 일정하게 텅잉하는 것이 중요합니다.

알로하오에
적용 연습곡: 7》 - 6‖, 8》 - 6‖
Andantino
하와이 민요
G
C
G
G
D7
D7
G
C
G
G
C
D
G
G7
C
G
D7
D7
G
G7
C
G
D7
G

I've been working of the Railroad

* ♩♪♪♪♪의 리듬 연습을 선행합니다.

언덕 위의 집

✻ 멜로디가 낮아지다가 크게 도약하여 올라가는 부분은 원래의 음정보다 높거나 낮게 소리날 수 있으니 이 점에 유의합니다.

My Bonnie

✽ ❶ 프레이즈 시작 부분의 첫 음과 그 다음 멜로디 사이 도약이 커서 첫 음을 끊어 연주하기 쉽습니다. 첫 음이 끊기지 않게 하고, 이어지는 음의 음정도 떨어지지 않도록 주의합니다.

* 음정 도약이 큰 부분이 여러 차례 나옵니다. 정확한 음정과 운지를 위해 처음에는 천천히 연습하고 숙달 된 후에는 빠르고 경쾌하게 연주합니다.

켄터키 옛집

적용 연습곡: ⑦ – ⑥, ⑦ – ⑩, ⑧ – ③, ⑧ – ④, ⑧ – ⑥

Moderato ♩ = 88

S.C. 포스터 작곡

✽ ❶ 부점 리듬과 이어지는 높은 음이 잘 표현될 수 있도록 음정과 운지를 느리고 정확하게 연습합니다.

F Major와 B♭ 연습

놀람교향곡

하이든 작곡

✽ ❶ '높은 파' 음정에 유의합니다.

섬집아기

한인현 작사
이홍렬 작곡

사계 중 '봄'

적용 연습곡: ❶〉– 1, ❷〉– 1, ❼〉– 7, ❽〉– 7

비발디 작곡

✻ ❶ 이 부분과 같은 리듬이 급하고 큰 도약이 자주 등장합니다. 음정과 정확한 운지법에 유의하여 충분히 연습합니다.

✻ ❷ 한 프레이즈 안에서 '시 플랫(B♭)'이 여러번 등장합니다. 느리고 정확하게 음정과 운지를 익힌 후 연주합니다.

 파란 마음 하얀 마음

✽ 13~16 마디는 이 곡에서 가장 어려운 부분입니다. '시 플랫(B♭)'연습과 음정 변화에 따른 호흡 조절에 많은 주의가 필요합니다.

엄마 돼지 아기 돼지

박홍근 작사
김규환 작곡

✽ ❶ '시 플랫(B♭)' 연습과 음정 변화에 따른 호흡 조절에 많은 연습과 주의가 필요합니다.

하얀 나라

김성균 작사
김성균 작곡

✽ ❶ 싱커페이션 리듬에 유의합니다.

✽ ❷ 싱커페이션과 도약하는 부분이 이어져 나오므로 실수가 발생하기 쉽습니다. 반복하여 충분히 연습합니다.

 작별

솜사탕

✽ ❶ 정확한 운지로 바른 음정을 낼 수 있도록 천천히 반복하여 연습합니다.

✽ ❷ 싱커페이션에 주의하고 마지막 음이 길어지지 않도록 합니다.

✽ ❸ 첫 박에 나오는 8분쉼표 리듬에 주의합니다.

If you're happy and you know it

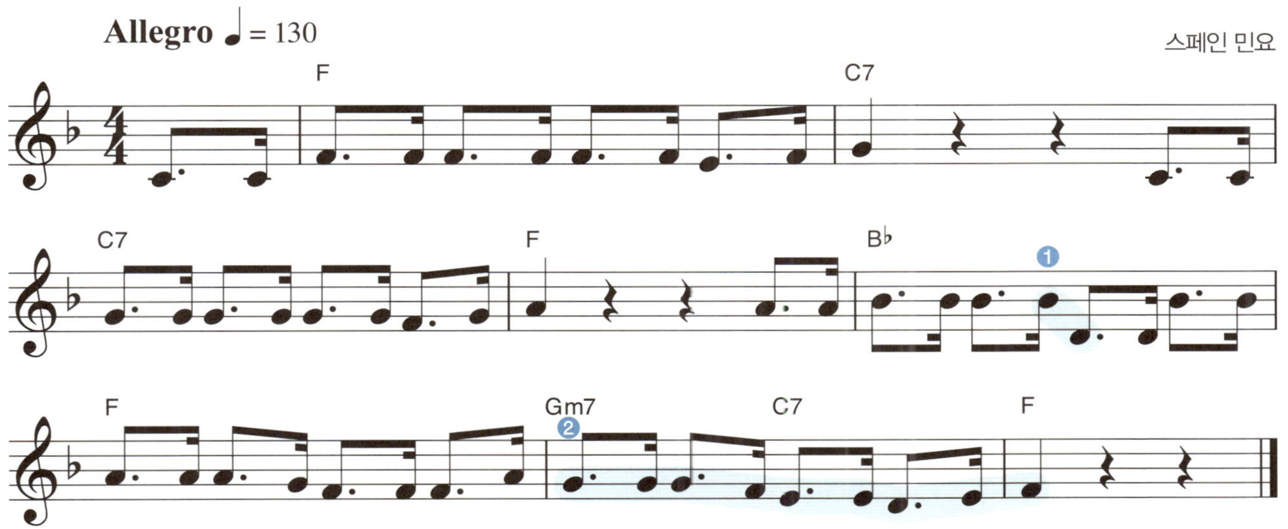

✳ ❶ 음정이 급하게 6도 아래로 진행되어 음정이 높아질 수 있으니 주의가 필요합니다.

✳ ❷ 부점 리듬이 잘 지켜질 수 있도록 주의를 기울여 연습합니다.

클레멘타인

Aura Lee

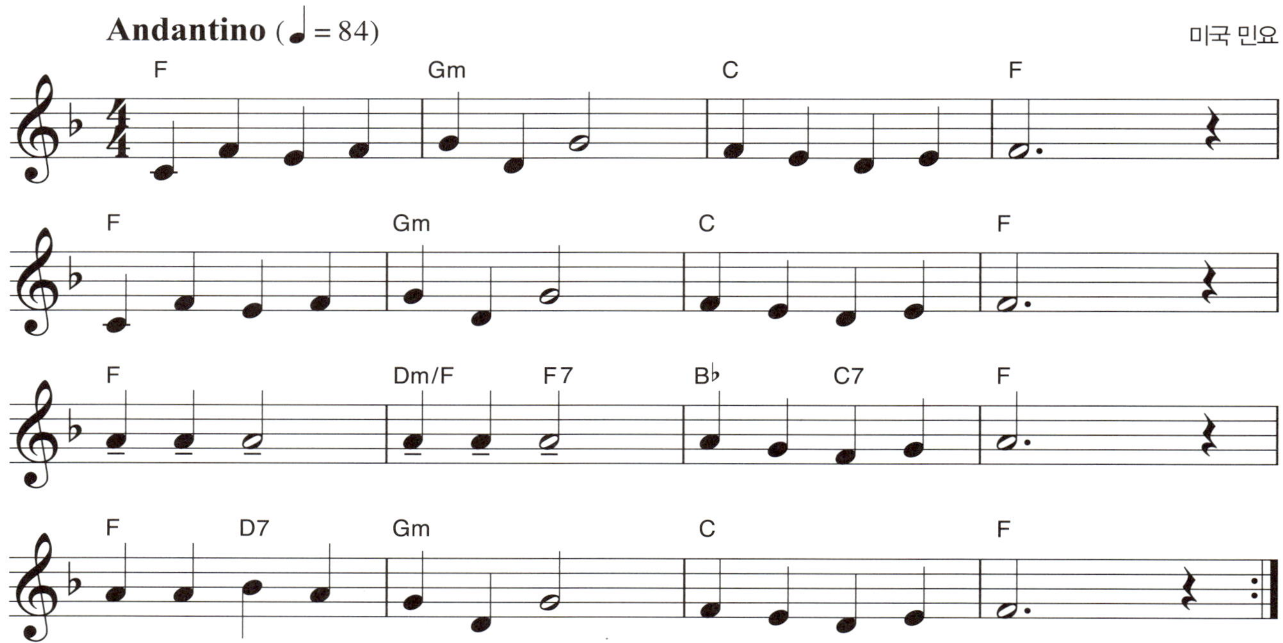

✽ 테누토는 음의 길이를 충분히 채워서 연주합니다. 호흡량과 압력이 흔들려 톤의 변화가 생기지 않도록 주의합니다.

Happy Birthday To You

✽ ① 부점 리듬을 연주할 때 뒤의 16분음표를 짧게 끊어서 연주하는 경우가 있습니다. 짧게는 하되 끊지 않도록 주의합니다.

✽ *allarg.*(Allargando): 크레셴도 하며 점점 느리고 폭넓게,

più mosso: 보다 빠르게

이슬

김동호 작사
김동호 작곡

🎵 코끼리 아저씨

적용 연습곡: ③ − ②, ⑦ − ⑦, ⑦ − ⑪, ⑧ − ②, ⑧ − ④, ⑧ − ⑦

변금만 작사
변금만 작곡

Allegretto

✻ ❶ 싱커페이션 리듬이 여러 번 등장합니다. 리듬 연습을 철저히 선행하고 잘 되지 않을 시에는 투, 투−웃, 두−웃으로 발음합니다.

✻ ❷ 싱커페이션에 이어 7도 도약 음이 나오므로 실수하기 쉽습니다. 주의를 기울여 연습합니다.

✻ ❸ 8분음표가 두 음씩 같은 음으로 하행하는 부분에서 두 음이 몰리지 않도록 주의합니다.

나의 클라리넷

✳ 11마디부터 끝까지 멜로디 리듬이 빠르고 '시 플랫(B♭)', 16분음표의 등장으로 어려운 부분입니다. 느리고 정확하게 연습한 후 숙달되면 본래 빠르기로 연주합니다. 연주 속도를 높여 빠르게 연주할 때에는 16분음표를 투크(더블 텅잉)로 발음하여 연주합니다.

아비뇽의 다리

✳ 부점 리듬과 멜로디 도약이 복합적으로 있어 어려운 부분입니다. 느리고 정확하게 연습한 후 익숙해지면 본래 빠르기로 연주합니다

🎵 새싹들이다

좌승원 작사
좌승원 작곡

✳ ❶ 시작 부분에 싱커페이션 리듬과 6도 도약음에는 각별한 주의가 필요합니다. 또 이어서 나오는 B♭은 급하게 지나가므로 실수가 발생하기 쉽습니다. 느리고 정확하게 충분히 연습합니다.

✳ ❷ 첫 박 8분쉼표에 주의합니다.

초록바다

박경종 작사
이계석 작곡

적용 연습곡: ⑥, ⑦〉 − 7|, ⑧ − 5|, ⑧〉 − 7|

Moderato

✱ ❶ 첫 박에 8분쉼표가 있는 부분이 여러 차례 반복 되므로 리듬에 주의를 기울여 연습합니다.

✱ ❷ '시 플랫(B♭)'과 '라(A)', '시 플랫(B♭)'과 '도(C)'를 따로 연습하고 익숙해지면 '시 플랫(B♭)'을 중간에 두고 위 아래로 반복하는 진행을 느리고 정확하게 연습합니다.

이중주

바이에른 마치

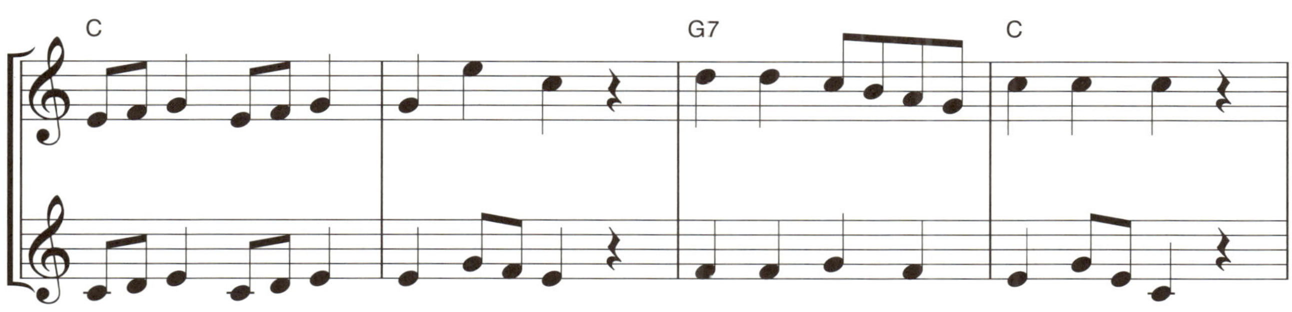

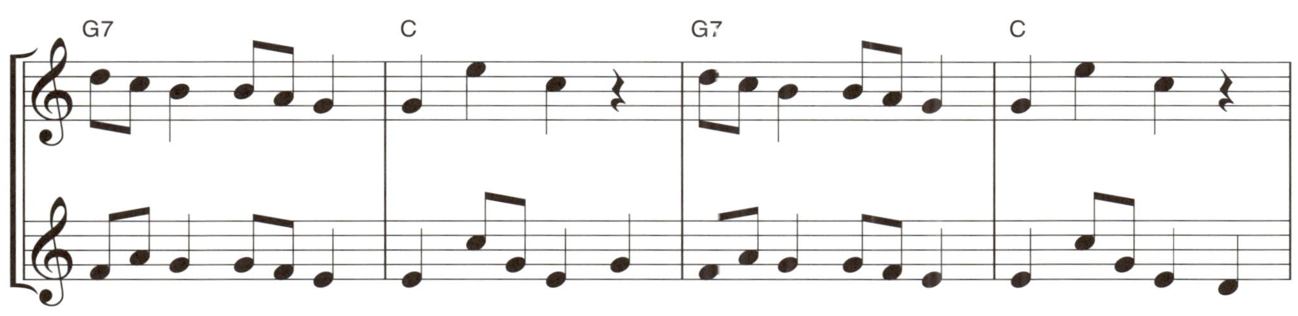

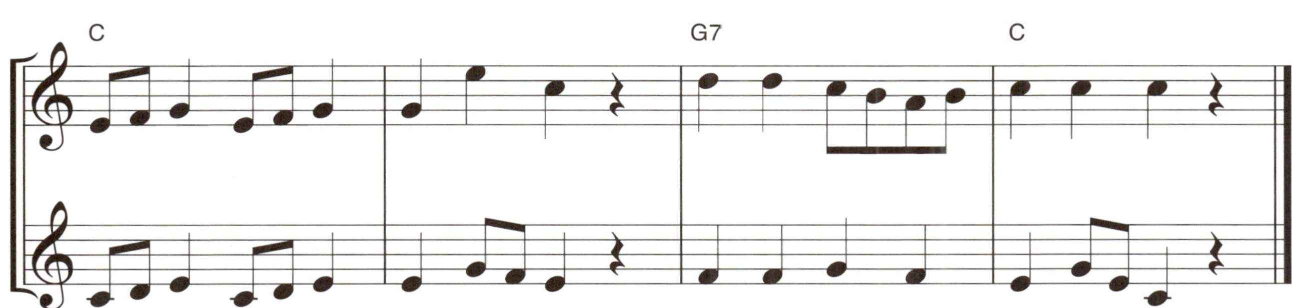

휘파람 폴카

애니로리

스코틀랜드 민요
Moderato ♩ = 100
Ocarina 1
Ocarina 2
C F C D G G7
C F C G7 C
C G7 C Am Dm E G7
C F C G Am G7 C

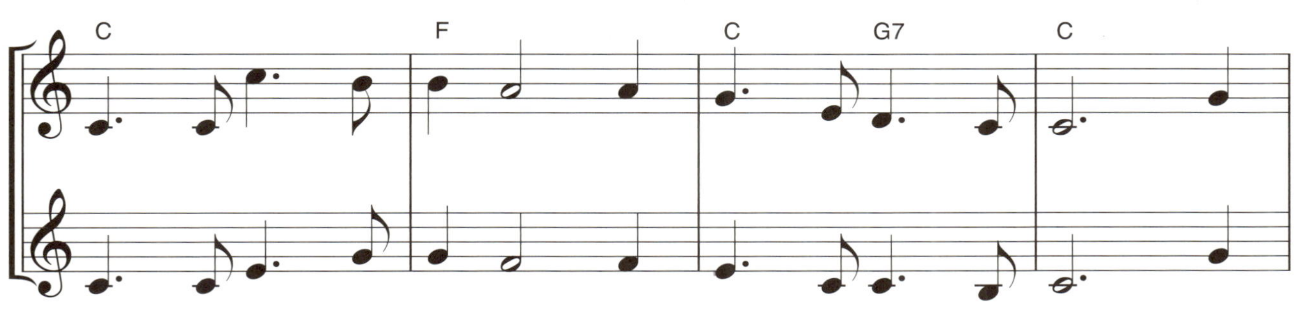

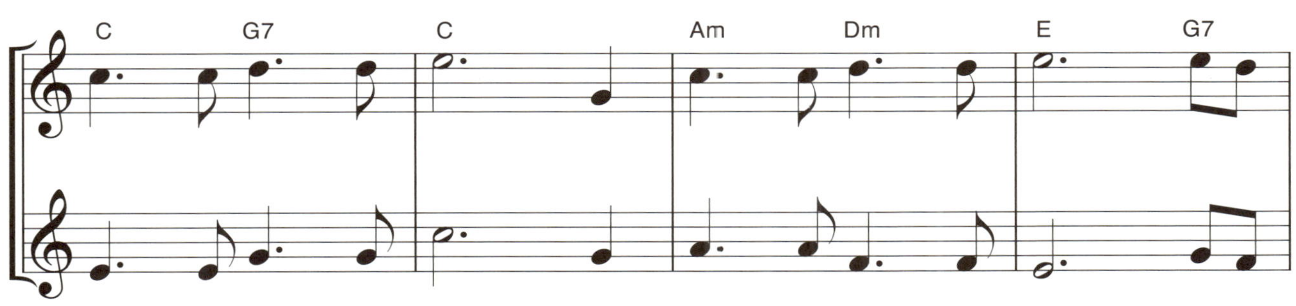

고향의 봄

이원수 작사
홍난파 작곡

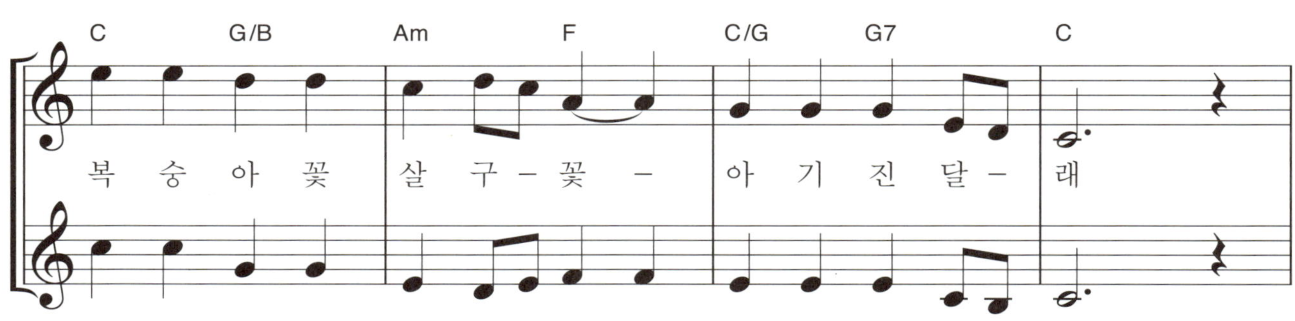

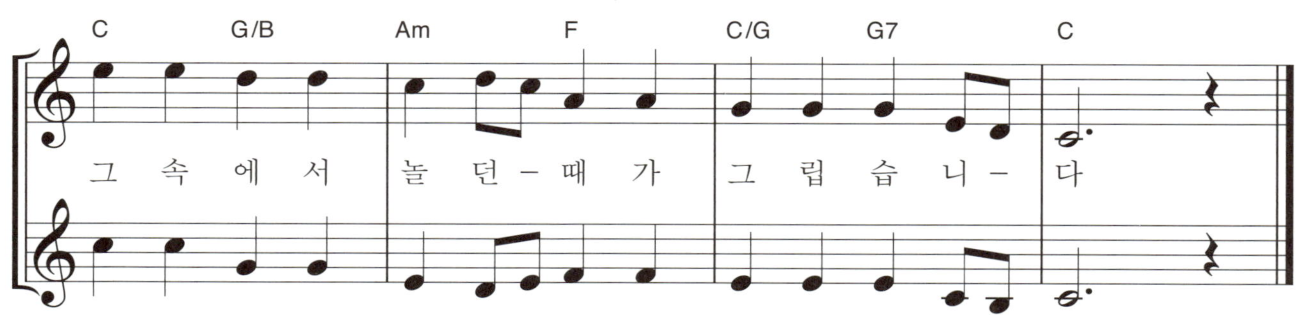

올드 블랙 조
Andantino
S.C. 포스터 작곡
Ocarina 1
Ocarina 2
C   F/C   C
그 리 운날   옛날 은 지 나 가 고   들 에 놀던   동무

Dm7   G7/B   C   F/C   C
간 곳 없 으니   이 세 상 에   낙원 은 어 디 – 뇨   블

G /D   F/C   C   G7/B   C
랙 조널 부 르는 소 리   슬 퍼 서   나 홀 로   거 리 를   숙이

F/C   C   G   =   C/G   G7   C
고 서 가 노 니   블   랙 조널 부 르 는 소 리   그 립 다

스승의 은혜

강소천 작사
권길상 작곡

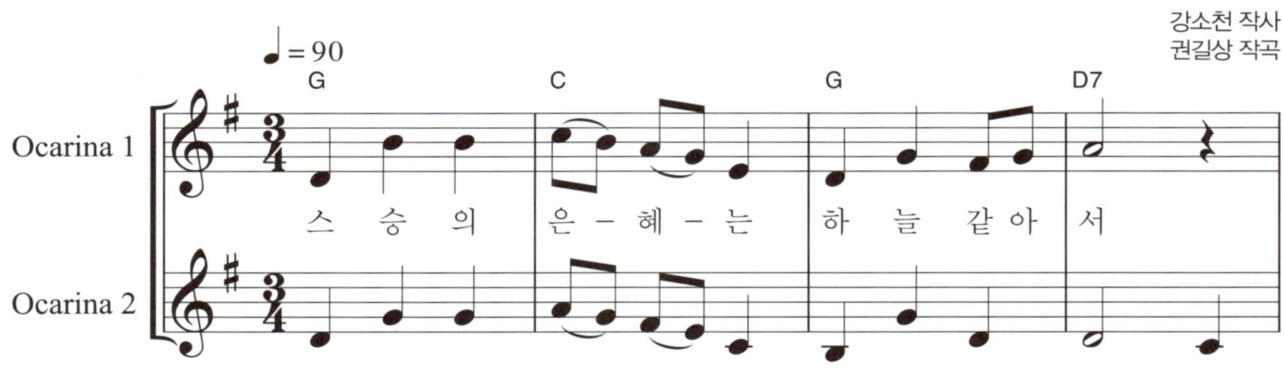

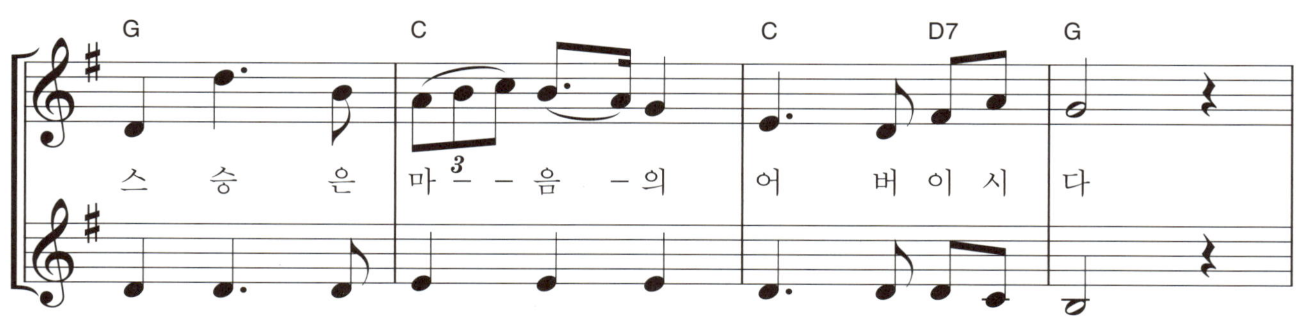

G
D7
아 - 아   고 마 워 라   스   승 의 사   랑

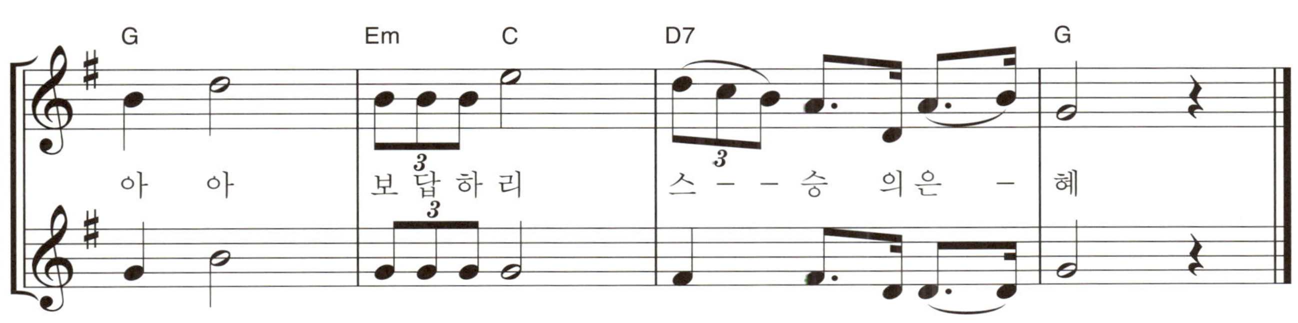

G   Em   C   D7   G
아   아   보 답 하 리   스 - - 승 의 은 - 혜

Thanks.
Thanks.

방울 꽃

임교순 작사
이수인 작곡

Allegretto

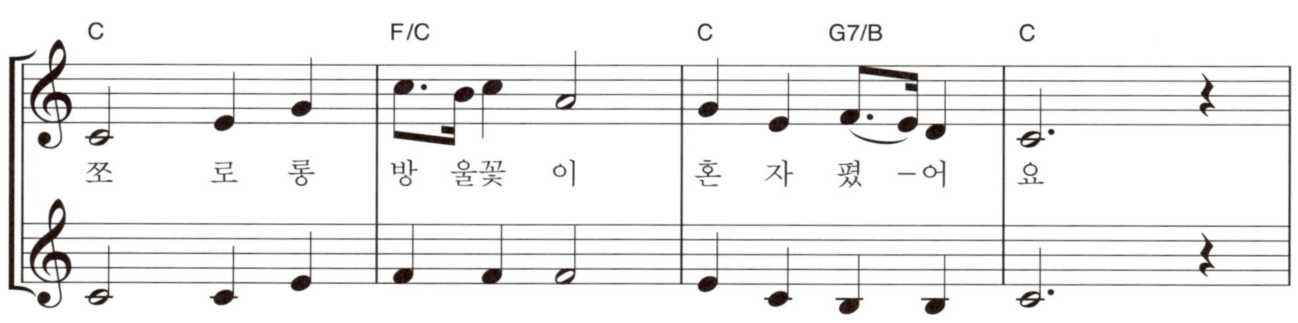

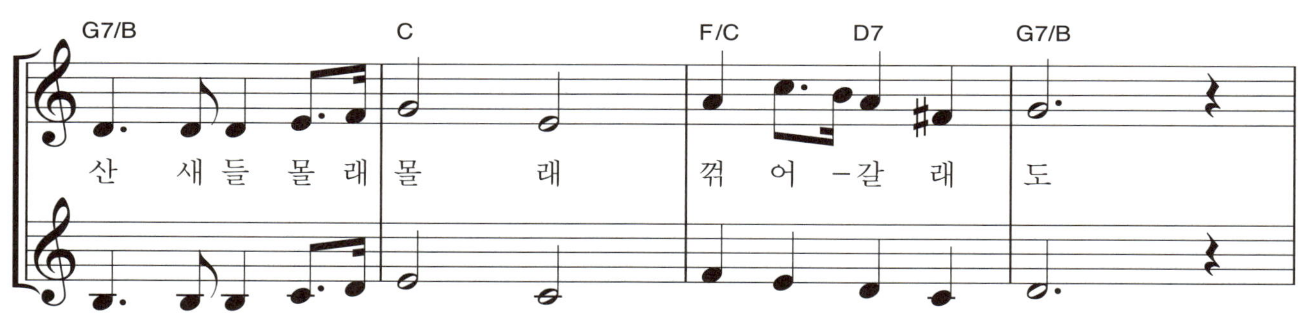

미키마우스 행진곡

March Tempo
J. 도드 작곡
Ocarina 1
Ocarina 2
F
B♭
C7
F

1.
C7
F
2.
C7
F
B♭
3

F
B♭
C7
3

F
B♭
C7
F
미키마우스 행진곡

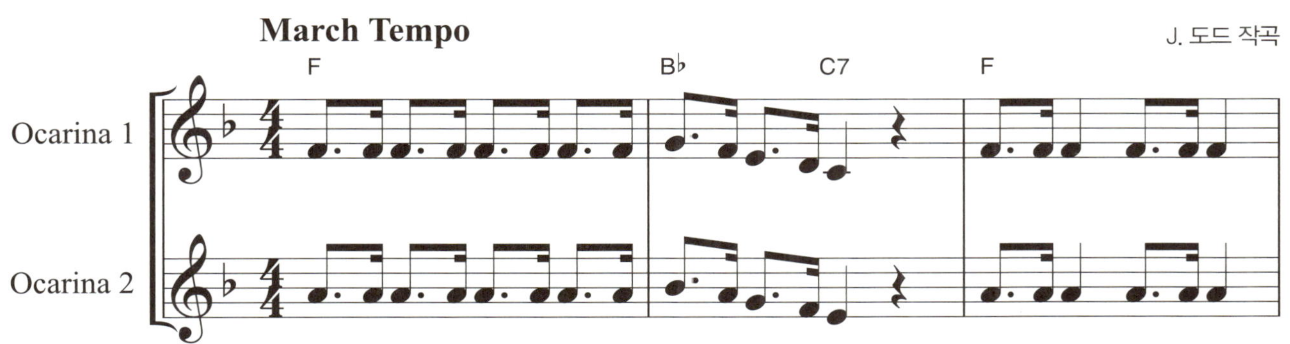

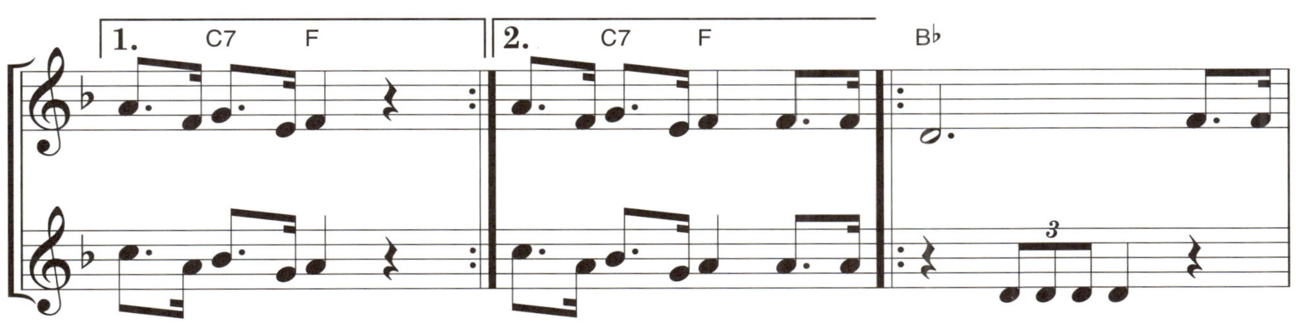

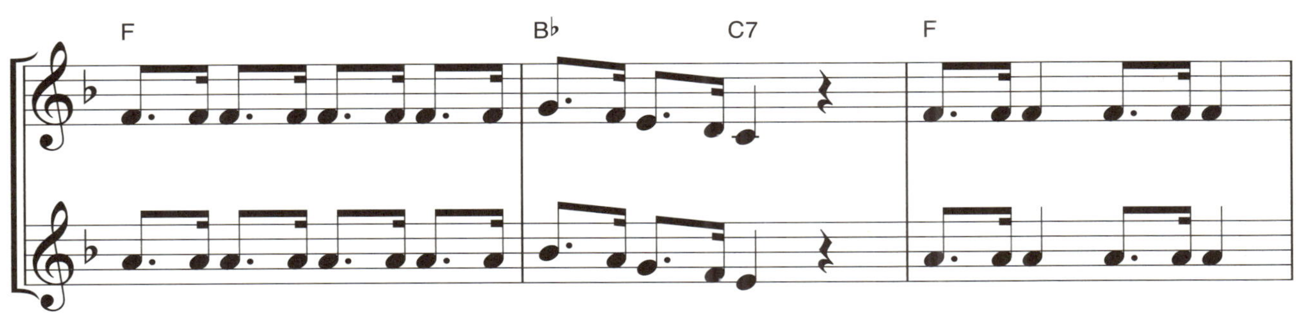

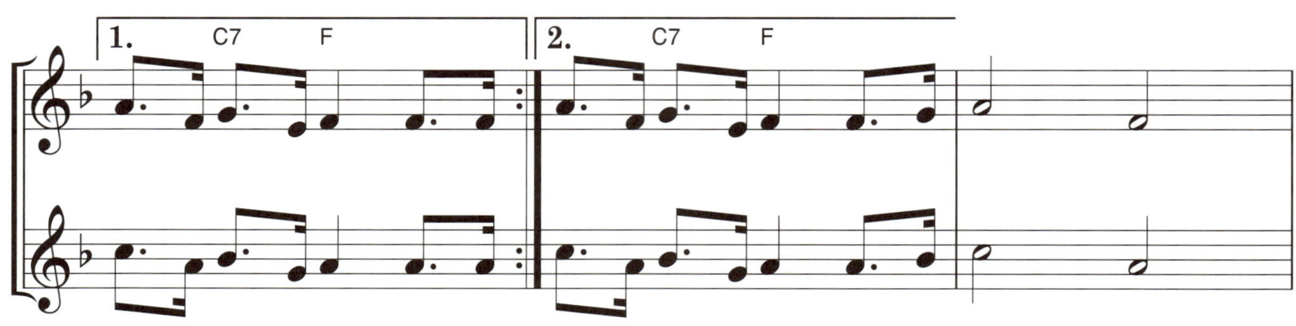

크리스마스에는 축복을

김현철 작사
김현철 작곡

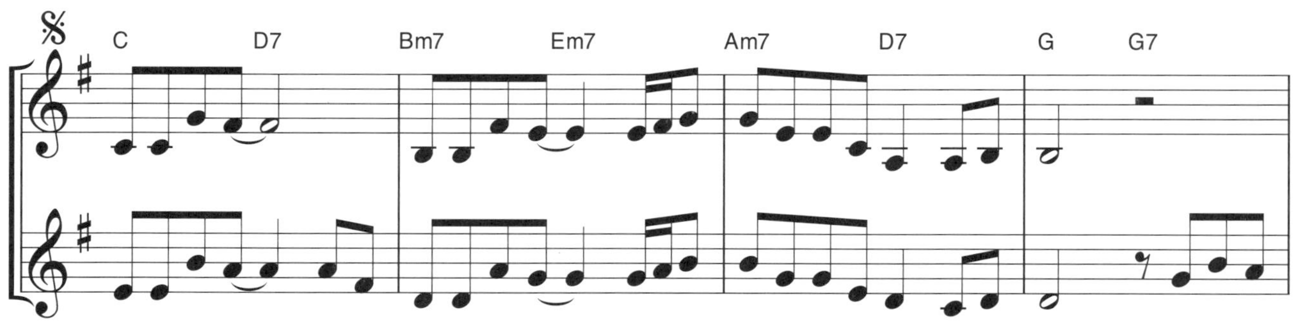

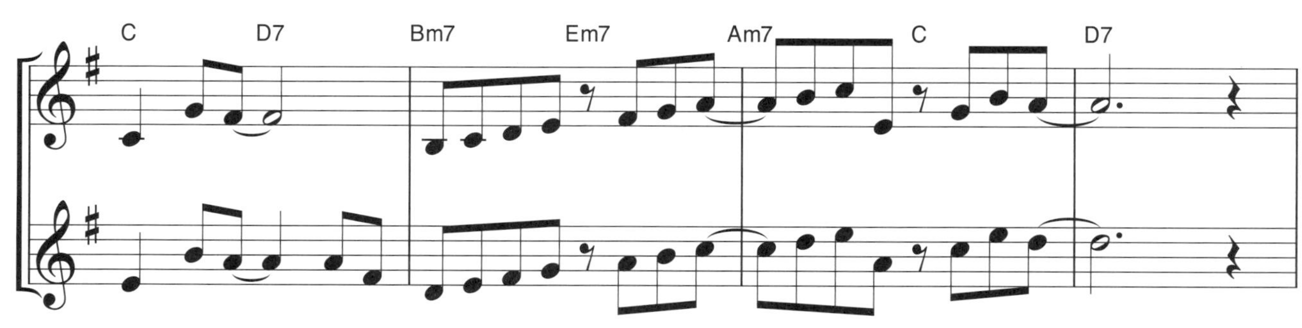

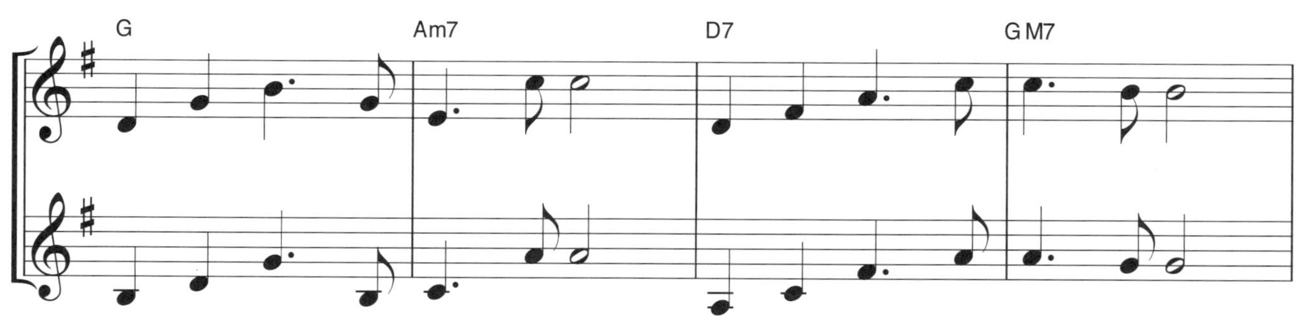

G
Am7
D7
G M7
Em7
Am7
D7
G
D.S. al Fine
G
Am
D
G M7
Em7
Am7
D7
G
Em7
Am7
D7
G

강현정 H.P • 010-5513-5579
E-mail • oeya2@hanmail.net

오카리나, 우쿨렐레 연주가/강사
한국팬플룻오카리나강사협회 교육국장
벨리시모 오카리나 앙상블 단장
국제오카리나콩쿨 대상
Italy Ocarina Master Class Diploma 수여

고민수 H.P • 010-6480-4868
E-mail • trumpet4868@hanmail.net

트럼펫, 오카리나, 팬플룻 연주가/강사
한국팬플룻오카리나강사협회 전북서부지역 회장
원광대학교 음악과 졸업
전국 오카리나 경연대회 심사위원
전국 오카리나 지도자 협의회 위원
한국 오카리나 교육 연구회 위원
Italy ocarina master class Diploma 수여
서해대학교 등 다수 출강
옥야초교, 송원초교, 마한초교 교사 동호회 지도

구광미 H.P • 010-9954-2688
E-mail • piangsea74@naver.com

오보에, 오카리나, 팬플룻, 우쿨렐레
연주가 및 강사
한국팬플룻 오카리나강사협회 서산 지부장
서원대학교 음악대학 졸업
신성대학교 출강
부춘초, 부성초, 팔봉중, 서산청소년수련관,
서산문화복지센터 등 다수 출강

구현정 H.P • 010-9873-1103
E-mail • sena9@hanmail.net

플루트, 오카리나, 팬플루트,
우쿨렐레 연주가/강사
한국팬플룻오카리나강사협회 경기서부지역회 회장
명지대 음악과 졸업
Italy Ocarina Master Class Diploma 수여
전국 오카리나 지도자 협의회 위원
한국 오카리나 교육 연구회 위원
오카디아앙상블/오카플로라앙상블 활동
동작문화회관, 안산덕인초 등 다수 출강

김강희 H.P • 010-3820-6115

안동대학교 음악과 졸업
예향음악학원 원장
한국팬플룻오카리나강사협회 안동지부장
안동교회 등 다수 출강
섹소폰, 클라리넷, 오카리나 지도자

김강희 H.P • 010-5229-3123
E-mail • ocarina0328@hanmail.net

플루트, 피아노, 오카리나,
팬플루트, 우쿨렐레 연주가/강사
한국팬플룻오카리나강사협회 충남남부지역 회장
강희음악학원 원장
전국 오카리나 지도자 협의회 위원
한국 오카리나 교육 연구회 위원
화양초, 오성초, 옥산초, 서천군 문화원,
서천군 장애인 복지관 등 다수 출강

김연숙 H.P • 010-9959-8369
E-mail • yeonsukgim@naver.com

피아노, 오카리나, 우쿨렐레, 팬플룻 연주가/강사
한국팬플룻오카리나강사협회 서울강동구지부장
광주대학교 졸업
아람음악학원 원장
전국 오카리나 지도자 협의회 위원
한국 오카리나 교육 연구회 위원
엘림오카리나앙상블 단장, 샤론오카리나
앙상블 단장
강일동 지역아동센타, 성내동 주민자치센타
등 다수 출강

김주희 H.P • 010-9437-9436
E-mail • oboe21@hanmail.net

오보에, 오카리나, 팬플룻 연주가/강사
한국팬플룻오카리나강사협회 전북동부지역 회장
국립군산대학교 예술대 졸업
익산시립오케스트라 차석 정읍시립 교향악단 단원
Italy ocarina master class Diploma 수여
전국 오카리나 지도자 협의회 위원
한국 오카리나 교육 연구회 위원
온고을 오카리나 앙상블 단장
전북문화의 집 등 다수 출강

김지현 H.P • 010-7670-6104
E-mail • jihyun0428@hanmail.net
플루트, 오카리나 연주가/강사
한국팬플룻오카리나강사협회 세종지부장
총신대학교 졸업
전국 오카리나 지도자 협의회 위원
한국 오카리나 교육 연구회 위원
답내초, 세종 온빛초, 갑천초 등 다수 출강

김혜은 H.P • 010-9947-9759
E-mail • oskalkim@hanmail.net
한국팬플룻오카리나강사협회 서울동부지역회장
한국오카리나박물관 부관장
세종대학교 대학원 석사
코리안 오카리나 앙상블 단원
Italy ocarina master class Diploma 수여
전국 오카리나 지도자 협의회 위원
한국 오카리나 교육 연구회 위원
이탈리아 국제오카리나페스티발 연주
유네스코 창의도시 네트워크 컨퍼런스 한국
대표 공연
국내외순회공연–평촌, 대전, 전주, 도쿄, 광주 연주회

박보경 H.P • 010-9473-7406
E-mail • davigail@naver.com
오카리나, 피아노, 우쿨렐레,
팬플루트 연주가/강사
한국팬플룻오카리나강사협회 홍성, 예산 지부장
성신여대 작곡과 석사
전국 오카리나 지도자 협의회 위원
한국 오카리나 교육 연구회 위원
Italy ocarina master class Diploma 수여

박소윤 H.P • 010-2423-9693
E-mail • airang-p@hanmail.net
한국팬플룻오카리나강사협회 논산지부장
아이랑음악학원 원장
피아노, 드럼 전공
늘푸른오카리나앙상블 단장

박승준 H.P • 010-5389-7461
E-mail • amor0028@hanmail.net
팬플루트, 오카리나, 리코터,
우쿨렐레 연주가/강사
한국팬플룻오카리나강사협회 기획본부장
전국 오카리나 지도자 협의회 위원
한국 오카리나 교육 연구회 위원
스위스 다조리 팬플룻 페스티발 참가 (2003)
Italy Ocarina Master Class Diploma 수여

백아미 H.P • 010-6320-2847
E-mail • aj2847@hanmail.net
피아노, 오카리나, 팬플루트 연주가/강사
한국팬플룻오카리나강사협회 서울남부지역 회장
중앙대학교 졸업
뮤직필드 동영상 강의
Italy Ocarina Master Class Diploma 수여

서경석 H.P • 010-9243-2695
E-mail • tjrudtjr@hanmail.net
팬플루트, 오카리나 연주가/강사
한국팬플룻오카리나강사협회 강원영서지역 회장
인디비주얼 앙상블 리더
춘천 애니메이션 축제 연주 등 다수 연주

서혜진 H.P • 010-5899-1004
E-mail • shj80@hanmail.net
오카리나 연주가/강사
한국팬플룻오카리나강사협회 사업국장
코리안오카리나앙상블 단원
이탈리아, 일본, 중국 해외 다수 연주
전국 오카리나 지도자 협의회 위원
한국 오카리나 교육 연구회 위원
Italy Ocarina Master Class Diploma 수여
안산선일초, 안산상록초, 과천노인복지관 등
다수 출강

손태숙 H.P • 010-4187-5650
E-maill • rose5650@hanmail.net

성악, 피아노, 오카리나, 팬플루트 연주가/강사
한국팬플룻오카리나강사협회 충남북부지역 회장
성공회대학교 대학원 교회음악 석사
전국 오카리나 지도자 협의회 위원
한국 오카리나 교육 연구회 위원
통일부 하나원 등 다수 출강
금산성결교회 지휘

송승영 H.P • 010-5405-0010
E-mail • rombony@hanmail.net

목원대학교 관현악과 졸업
목원대학원 석사 수여
충남교향악단 단원
한국팬플룻오카리나강사협회 대전지부장
필리아오카리나앙상블,
엘클랑오카리나앙상블 지도

신현선 H.P • 010-3407-4937
E-mail • titi69@hanmail.net

피아노, 하모니카, 오카리나,
팬플루트 연주가/강사
한국팬플룻오카리나강사협회 경기북서부지역 회장
전국 오카리나 지도자 협의회 위원
한국 오카리나 교육 연구회 위원
대한하모니카협회 고양파주지부장
전국 오카리나 경연대회 심사위원

양미진 H.P • 010-9171-8739
E-mail • mijin5134@hanmail.net

한국팬플룻오카리나강사협회 인천지역회 회장
OZ Company 전속 오카리나 연주자
전국 오카리나 지도자 협의회 위원
한국 오카리나 교육 연구회 위원
인천 국화축제, 코엑스 내나라 박람회, 임진각
세계평화축전 등 다수 연주
동구 청소년 수련관, 중구 여성회관, 부평북초,
왕길초, 신송초 등 다수 출강

오세창 H.P • 010-2758-2558
E-mail • o3chang@gmail.com

오카리나, 우쿨렐레 연주가/강사
한국팬플룻오카리나강사협회 용인지부장
한국우쿨렐레교육협회 용인지부장
전국 오카리나 지도자 협의회 위원
한국 오카리나 교육 연구회 위원
수원잠원중, 성남금광중, 수원장안
구민회관 등 다수 출강

유명자 H.P • 010-5449-8850
E-mail • mjo6012@hanmail.net

오카리나, 팬플룻, 우쿨렐레 연주가/강사
더뮤즈오카리나앙상블 단장
펠리체오카리나앙상블 단장
Italy Ocarina Master Class Diploma 수여
시민청예술가, 경기도예술가,
서울매트로아티스트 활동
노원문화원, 안평초, 평촌문화센터, 동대문
청소년수련관 등 다수 출강

이금미 H.P • 010-3540-0076
E-mail • dollsing5774@hanmail.net

계명대학교 음악대학 졸업
금오공과대학교 교육대학원 졸업
한국팬플룻오카리나강사협회 구미지부장
제32회 스승의 날 장관 표창 등 다수 수상
장곡중학교 교사
오카리나, 우쿨렐레 지도자

이미화 H.P • 010-9029-0778
E-mail • hwa778@hanmail.net

피아노, 오카리나, 팬플루트 연주가/강사
한국팬플룻오카리나강사협회 서울중부지역 회장
전국학원연합회 이사
전국 오카리나 지도자 협의회 위원
한국 오카리나 교육 연구회 위원
로뎀음악학원 원장
전국 오카리나 경연대회 심사위원

이승선 H.P • 010-2996-5831
E-mail • wndms486@hanmail.net

고등학교 음악교사/오카리나 지도자
한국팬플룻오카리나강사협회 예천지부장
대창고등학교 음악교사
전국 오카리나 지도자 협의회 위원
한국 오카리나 교육 연구회 위원

이창희 H.P • 010-4018-3995
E-mail • lch007001@hanmail.net

오카리나, 팬플룻, 우쿨렐레 연주가/강사
한국팬플룻오카리나강사협회 부산지역 회장
전국 오카리나 경연대회 심사위원
전국 오카리나 지도자 협의회 위원
한국 오카리나 교육 연구회 위원
Italy ocarina master class Diploma 수여
부산대, 동래장애인복지관 등 다수 출강

정조희 H.P · 010-2517-2515
E-mail · 100vic@naver.com

피아노, 오카리나, 팬플룻 연주가/강사
한국팬플룻오카리나강사협회 울산지역 회장
대구 가톨릭 대학교 피아노학과 졸업
정조희피아노 원장
울산 현대백화점, 장애인 총연합회 등 다수 출강
참소리주니어앙상블 단장
미르오카리나앙상블 단장

조은혜 H.P · 010-7286-6915
E-mail · gracecho75@hanmail.net

피아노, 성악, 팬플룻, 오카리나 연주가/강사
한국팬플룻오카리나강사협회 경기동부지역 회장
선경음악학원 원장
전국 오카리나 지도자 협의회 위원
한국 오카리나 교육 연구회 위원
쥬블리 오카리나 앙상블 단장/ 폴 팬플룻
앙상블 단장
분당아름다운교회 지휘

조인옥 H.P · 010-7388-2543
E-mail · piano200@hanmail.net

피아노, 오카리나, 팬플룻 연주가/강사
한국팬플룻오카리나강사협회 충남서부지역 회장
서해대학 음악과 졸/군산대 음악과
전국 오카리나 지도자 협의회 위원
한국 오카리나 교육 연구회 위원
당진문화원, 고대초, 충남서부평생 학습관 등
다수 출강

지은화 H.P · 010-5476-0333
E-mail · celloedu@hanmail.net

한국팬플룻오카리나강사협회 광주지역회장
Italy ocarina master class Diploma 수여
한국 오카리나 교육 연구회 위원
조선대학교 음악교육학 석사
전국 오카리나 지도자 협의회 위원
조선대학교 평생교육원 출강
전남과학대학교 음악과 출강

최민우 H.P · 010-8487-0462
E-mail · jesuscmw@hanmail.net

팬플루트, 플루트, 오카리나 연주가/강사
한국팬플룻오카리나강사협회 홍보국장
미국쉐퍼드대학원대학교 졸업
Italy Ocarina Master Class Diploma 수여
종로문화센터 등 다수 출강

최순옥 H.P · 010-7192-5842
E-mail · sojinchoi@hanmail.net

한국 팬플룻 오카리나 강사협회 서울북부지역회장
국제신학대학원대학교 음악학 석사
Italy ocarina master class Diploma 수여
어울림앙상블, 소리향기앙상블, 카멜레온앙상블,
동대문오카리나앙상블, 밝은빛교회오카리나
앙상블, 염광교회오카리나앙상블 지도
한국오카리나교육연구회 위원
폴라리스 오케스트라 단원
영진교회 여성 찬양단, 실내악단, 성가대 지휘

최익현 H.P · 010-5653-7075

오카리나, 플루트 연주가/강사
한국팬플룻오카리나강사협회 강원영동지부장
Italy Ocarina Master Class Diploma 수여
강릉뮤즈플루트앙상블/강릉오카리나앙상블
지도
속초시 평생교육정보관, 강원도 교육 연수원
등 다수 출강

최지영 H.P · 010-8708-9707
E-mail · choi0404g@hanmail.net

오카리나 연주가/강사
한국팬플룻오카리나강사협회 사무국장
코리안오카리나앙상블 단원
전국 오카리나 지도자 협의회 위원
한국 오카리나 교육 연구회 위원
이탈리아, 일본, 중국 해외 다수 연주
Italy Ocarina Master Class Diploma 수여
안양동안구평생학습센터, 서울인헌초 등 다수 출강

현기정 H.P · 010-9898-9494

피아노, 오카리나, 우쿨렐레 연주가/강사
한국팬플룻오카리나강사협회 제주도 지역회 회장
에스텔음악학원 원장
Midwest university 교회음악 전공
Italy ocarina master class Diploma 수여
전국 오카리나 지도자 협의회 위원
한국 오카리나 교육 연구회 위원

Foreign Copyright:
Joonwon Lee
Address: 127, Yanghwa-ro, Mapo-gu, Chomdan Building 6th floor,
            Seoul, Korea
Telephone: 82-70-4345-9818
E-mail: jwlee@cyber.co.kr

오카리나 튜터 2

2017. 7. 4. 1판 1쇄 인쇄
2017. 7. 10. 1판 1쇄 발행

저자와의
협의하에
검인생략

지은이 | 홍광일
펴낸이 | 이종춘
펴낸곳 | BM 성안뮤직
주소 | 04032 서울시 마포구 양화로 127 첨단빌딩 5층(출판기획 R&D 센터)
     | 10881 경기도 파주시 문발로 112 출판문화정보산업단지(제작 및 물류)
전화 | 02) 3142-0036
     | 031) 950-6300
팩스 | 031) 955-0510
등록 | 1973. 2. 1. 제406-2005-000046호
출판사 홈페이지 | **www.cyber.co.kr**
ISBN | 978-89-315-8121-8 (13670)
     | 978-89-315-8126-3 (세트)
정가 | 8,000원

이 책을 만든 사람들
책임 | 김태성
편집 | 김금정
본문·표지 디자인 | 씨오디
홍보 | 박연주
국제부 | 이선민, 조혜란, 김해영, 고운채, 김필호
마케팅 | 구본철, 차정욱, 나진호, 이동후, 강호묵
제작 | 김유석

■ **도서 A/S 안내**

성안당에서 발행하는 모든 도서는 저자와 출판사, 그리고 독자가 함께 만들어 나갑니다.
좋은 책을 펴내기 위해 많은 노력을 기울이고 있습니다. 혹시라도 내용상의 오류나 오탈자 등이 발견되면 "좋은 책은 나라의 보배"로서 우리 모두가 함께 만들어 간다는 마음으로 연락주시기 바랍니다. 수정 보완하여 더 나은 책이 되도록 최선을 다하겠습니다.
성안당은 늘 독자 여러분들의 소중한 의견을 기다리고 있습니다. 좋은 의견을 보내주시는 분께는 성안당 쇼핑몰의 포인트(3,000포인트)를 적립해 드립니다.
잘못 만들어진 책이나 부록 등이 파손된 경우에는 교환해 드립니다.